Klasse 7-10

Doris Höller

Arbeitsheft

Nahrungsmittel & Küchenhygiene

1

... eine kleine Warenkunde

Arbeitsheft
Nahrungsmittel & Küchenhygiene / Band 1
Eine kleine Warenkunde

2. Auflage 2025

Inhalt: Doris Höller
Coverbild: © Anciens & Adobe Firefly - AdobeStock.com
Redaktion: Kohl-Verlag
Grafik & Satz: Simone Demler & Kohl-Verlag
Druck: Druckerei Flock, Köln

Bestell-Nr. 13 067

ISBN: 978-3-98841-152-5

Bildquellen © AdobeStock.com:

S. 2: © Africa Studio; S. 5: © martialred, isoon, Smolnik_draw, Vlad, ronnarid_EA; S. 6: © Vlad, ronnarid_EA; S. 7: © Hitriy lis, Vlad, ronnarid_EA; S. 8: © Vlad, BonkersArt; S. 9: © Tatiana, Good Studio_Dinkel; S. 10: © Vlad; S. 11: © Vector Tradition; S. 12: © Happypictures, Vlad; S. 17: © 9dreamstudio, YarikL, HLPhoto; S. 18: © handlervid85, Vlad; S. 20: © NilsZ, Vlad; S. 21: © fotogurmespb, Vlad; S. 22: © 121icons, mescioglu, Luis Carlos Jiménez, New Africa; S. 23: © xy, Vlad; S. 24: © ExQuisine, koldunova, M. Schuppich, Maria, Nitr; S. 25: © Макс Роботько, MW.LW, Rax Qiu, Moving Moment, Vlad; S. 26: © HN Works, Monika Wisniewska, morissfoto; S. 27: © Vlad; S. 28: © Vlad; S. 29: © Tomas, VisualProduction, Onvto, Dan Race, Christian Jung, buraratn, Doris Heinrichs, KraPhoto, Stefan, Bart, nadin333, Juefrateam, anna_shepulova, gilmourmidas, photocrew, Vlad; S. 30: © Comugnero Silvana; S. 31: © Карина Клачук, Vlad; S. 32: © oilslo, nito, nicemyphoto, ulianna19970; S. 33: © Elena Schweitzer, Vlad; S. 34: © Анастасия Тимонина, Simone, warloka79, kilimanjaro, Angela; S. 35: © Marco2811, Vlad; S. 36: © Derby, Artinun, triocean, contrastwerkstatt; S. 37: © coco, Vlad; S. 38: © Anna, mariiaplo, Celt Studio; S. 39: © Kendrick, Vlad; S. 40: © Printemps, Floydine; S. 42: © juefraphoto; S. 43: © HLPhoto; S. 44: © oxie99; S. 46: © Vlad;

Kontakt: Kohl-Verlag, An der Brennerei 37-45, 50170 Kerpen
Tel: +49 2275 331610, Mail: info@kohlverlag.de

Unsere Lizenzmodelle

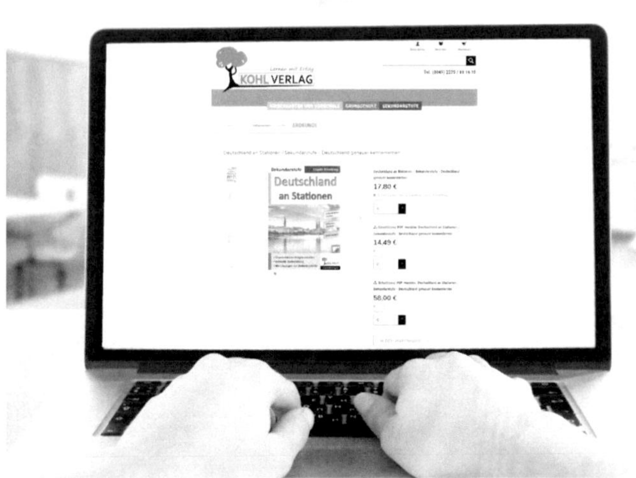

Der vorliegende Band ist eine Print-Einzellizenz

Sie wollen unsere Kopiervorlagen auch digital nutzen? Kein Problem – fast das gesamte KOHL-Sortiment ist auch sofort als PDF-Download erhältlich! Wir haben verschiedene Lizenzmodelle zur Auswahl:

	Print-Version	PDF-Einzellizenz	PDF-Schullizenz	Kombipaket Print & PDF-Einzellizenz	Kombipaket Print & PDF-Schullizenz
Unbefristete Nutzung der Materialien	x	x	x	x	x
Vervielfältigung, Weitergabe und Einsatz der Materialien im eigenen Unterricht	x	x	x	x	x
Nutzung der Materialien durch alle Lehrkräfte des Kollegiums an der lizensierten Schule			x		x
Einstellen des Materials im Intranet oder Schulserver der Institution			x		x

Die erweiterten Lizenzmodelle zu diesem Titel sind jederzeit im Online-Shop unter www.kohlverlag.de erhältlich.

Inhalt

Vorwort

Die Lebensmittelauswahl ist verwirrend groß. Viele Produkte gibt es von verschiedenen Anbietern, mit zum Teil abweichenden Bezeichnungen. Wer sich hier nicht auskennt, greift möglicherweise in das falsche Regal. Nur wer die Unterschiede kennt, kann auch die richtige Auswahl treffen. Es gibt sicher große Qualitätsunterschiede, aber das bedeutet nicht zwangsläufig, dass der höchste Preis auch mit der besten Qualität einhergeht.

Eine abwechslungsreiche und gesunde Ernährung muss nicht teuer sein. Regionale, saisonale und möglichst wenig verarbeitete Lebensmittel können den Geldbeutel schonen. Auch einfache Lebensmittel bereichern den Speiseplan und liefern wertvolle Inhaltsstoffe. Frühere Generationen haben viel Einfallsreichtum gezeigt, um mit einfachen Zutaten eine schmackhafte und gesunde Mahlzeit auf den Tisch zu bringen. Leider haben diese Lebensmittel heute vielfach ein schlechtes Image. Mangelnde Kenntnisse über die Zubereitung führen dazu, dass solche Lebensmittel gar nicht erst gekauft werden.

Fertiggerichte und Fix-Produkte ersetzen keine gesunde Mahlzeit. Nährstoffgehalt und Sättigungswert sind gering. Dafür sind Preis und Kaloriengehalt oft sehr hoch. Dabei muss man nicht stundenlang in der Küche stehen, um eine vollwertige Mahlzeit zuzubereiten. Kochshows sind dabei auch keine richtige Hilfe und hinterlassen eher das Gefühl, dass Kochen sehr kompliziert und zeitaufwendig ist.

Theoretische Kenntnisse sind wichtig. Aber diese Kenntnisse müssen auch erprobt werden. Es macht besonders viel Spaß, wenn man neue Gerichte gemeinsam zubereiten und genießen kann. Viele Gerichte, die man bislang nur fertig gekauft hat, lassen sich sehr gut selber zaubern. Beim gemeinsamen Essen können die neuen Geschmackseindrücke getestet werden. Wie fällt der Vergleich mit den fertig gekauften Produkten aus? Den Eigengeschmack der Lebensmittel muss man erst einmal erfahren. In Fertiggerichten sind häufig so viele Geschmacksverstärker enthalten, dass der natürliche Geschmack überdeckt wird.

Bei einem gemeinsamen Essen kann der Einsatz von Geschmacksverstärkern und anderen Zusatzstoffen thematisiert werden. Verleiten Geschmacksverstärker zu einem erhöhten Konsum? Sollen Qualitätsmängel überdeckt werden? Stumpft unser Geschmackssinn ab? Kann man bei Fertiggerichten den Geruch und den Geschmack einzelner Zutaten noch erkennen? Wie kann man Kindern den natürlichen Geschmack von Lebensmitteln näher bringen? Wie lassen wir uns von der Werbung beeinflussen? Warum greifen wir schnell zu Fertiggerichten?

Gerade die Lerninhalte rund um Ernährung bieten sich an, sie mit allen Sinnen zu erfahren. Bei der gemeinsamen Zubereitung kann man den Geruch frischer Lebensmittel erleben. Obst riecht je nach Reifezustand unterschiedlich. Paprika gibt es in vier Farben. Ist der Geschmack verschieden? Die Sortenvielfalt bei Äpfeln und Birnen ist groß. Auch hier gibt es große Unterschiede im Geschmack. Wie ist das Mundgefühl bei mehr Fruchtsäure? Wie empfinde ich eine mehlige oder harte Konsistenz? Bevorzuge ich den knackigen Biss, oder ist mir die weiche, saftige Süße lieber? Wie fühlen sich die verschiedenen Obst- und Gemüsesorten an? Wie wirkt die Farbe auf mich?

Hat Ihnen die Erarbeitung der Themen Appetit gemacht? Dann bereiten sie doch mit der Klasse ein abwechslungsreiches Frühstücksbuffet mit einfachen Rezepten zu.

Gutes Gelingen und guten Appetit wünschen der Kohl-Verlag und

Doris Höller

1 Was ist Obst, was ist Gemüse?

Ohne Obst und Gemüse ist eine ausgewogene Ernährung gar nicht möglich. Je abwechslungsreicher, umso besser, denn Vitamine, Mineralstoffe, Ballaststoffe und Sekundäre Pflanzenstoffe kommen in ganz unterschiedlichen Mengen vor. Aber was zählt zum Obst und was zum Gemüse?

Eine eindeutige Definition gibt es nicht. So sind z. B. Tomaten, Paprika, Kürbisse und Zucchini botanisch betrachtet ebenso Früchte wie Äpfel und Birnen. Auch eine Einteilung nach Geschmack ist nicht für alle Sorten eindeutig. So ist z. B. eine Avocado botanisch eine Frucht, schmeckt aber nicht süß. Rhabarber verwenden wir für Süßspeisen und Kuchen, wird aber zum Gemüse gezählt.

Ein anderer Unterscheidungsversuch: Obst kann man immer roh essen, Gemüse muss gegart werden. Auch das passt nicht grundsätzlich. So gehören z. B. Quitten zum Obst, sind aber roh ungenießbar. Kohlrabi, Paprika oder Gurken zählen wir zum Gemüse, kann man aber hervorragend roh essen. Die gängigste Unterscheidung ist folgende: Obst sind Früchte und Samen von mehrjährigen Sträuchern und Bäumen. Gemüse muss jedes Jahr neu gepflanzt oder gesät werden. Aber klar, auch hier gibt es Ausnahmen. Spargel, Rhabarber oder Artischocken zählen wir zum Gemüse, obwohl die Pflanzen mehrjährig sind.

EA **Aufgabe 1**: *Ordne alle dir bekannten Gemüsesorten den folgenden Oberbegriffen zu.*

Fruchtgemüse / Hülsenfrüchte / Wurzel- und Knollengemüse / Kohlgemüse / Zwiebelgemüse / Blattgemüse / Stängel- und Sprossgemüse / Blütengemüse

EA **Aufgabe 2**: *Ordne alle dir bekannten Obstsorten den folgenden Oberbegriffen zu.*

Kernobst / Steinobst / Beerenobst / Schalenobst / Südfrüchte / exotische Früchte / wie Obst verwendetes Gemüse

Achtung! Was du niemals roh essen solltest!
Kartoffeln, rohe Bohnen, Aubergine, Hülsenfrüchte (außer Erbsen), Wildpilze (Zucht pilze sind auch roh genießbar), Rhabarber, Zucchini mit bitterem Geschmack – weder roh noch gegart essen! (Kann bei selbst gezogenen Pflanzen vorkommen), Holunderbeeren, Quitten

Wusstest du … dass Erdnüsse gar keine Nüsse sind?
Sie gehören wie Bohnen und Erbsen zu den Hülsenfrüchten. Im Gegensatz zu Bohnen und Erbsen sind sie roh genießbar. Sie wachsen tatsächlich in der Erde. Zunächst wächst die Erdnusspflanze ca. 70 cm in die Höhe und neigt sich dann nach unten in die Erde. Dort entwickeln sich dann die Früchte.

ARBEITSHEFT NAHRUNGSMITTEL & KÜCHENHYGIENE / BAND 1
Eine kleine Warenkunde – Bestell-Nr. 13 067
KOHL VERLAG

2 Hülsenfrüchte – gesunde Powerpakete

Hülsenfrüchte sind Pflanzensamen, die in einer Hülse heranwachsen. Lange Zeit zählten Hülsenfrüchte, ganz zu Unrecht, nicht unbedingt zu den kulinarischen Highlights. Dabei sind sie extrem vielseitig im Geschmack und Verwendungsmöglichkeiten. Wer auf Fleisch verzichten möchte, kommt an Hülsenfrüchten nicht vorbei. Ein kalorien- und fettarmer Sattmacher, mit einem hohen Eiweißgehalt, der nebenbei noch viele Vitamine, Mineralstoffe und sekundäre Pflanzenstoffe liefert. Der hohe Anteil an Ballaststoffen wirkt sich positiv auf die Verdauung und den gesamten Stoffwechsel aus.

„Jedes Böhnchen gibt ein Tönchen" – das muss nicht sein. Wenn bei der Zubereitung z. B. Gewürze und Kräuter wie Kümmel, Anis, Fenchelsamen, Majoran, Salbei, Ingwer, Rosmarin, Thymian oder Bohnenkraut verwendet werden, sind Hülsenfrüchte besser verdaulich. Es ist auch zu empfehlen, den Anteil an Hülsenfrüchten im Speiseplan langsam zu steigert.

Erbsen Pal- oder Schälerbsen gibt es grün und gelb. Sie werden getrocknet oder als Konserve angeboten. Beim Kochen zerfallen sie und werden sämig. Gut für Suppen, Eintöpfe, Pürees und Dips. Markerbsen sind etwas süßlicher. Es gibt sie frisch oder als Tiefkühlware. Zuckererbsen auch Zuckerschoten genannt, werden mit der zarten Hülse verwendet. Erbsen sind roh genießbar. Dosenerbsen sind stark gesalzen, aromatisiert und enthalten nur noch wenig gesunde Inhaltsstoffe.
Kichererbsen Der Name ist vom lateinischen Wort „cicer" für Erbse abgeleitet. Sie sind getrocknet oder in Konserve im Handel. Gut für Eintöpfe, Salate und Beilagen. Sie sind die Basis für Hummus und Falafel. Werden getrocknete Kichererbsen über Nacht eingeweicht, verkürzt sich die Garzeit von drei auf eine Stunde.
Bohnen Bohnen gibt es in verschiedenen Farben und Größen. Auch das Aroma kann von süßlich bis nussig variieren. In Suppen, Eintöpfen, Salaten, aber auch als Beilage und Antipasti sind Bohnen ein vielseitiges Nährstoffpaket. Die rötlichen, nierenförmig Kidneybohnen kommen in Chili con Carne, Salate und Suppen. Mungobohnen sind in gekeimter Form, als Sprossen, ein Bestandteil vieler asiatischer Gerichte. Als Mehl bilden sie die Basis für asiatische Glasnudeln. Weiße Riesenbohnen sind in vielen italienischen und griechischen Gerichten unverzichtbar.
Linsen Linsen garen relativ schnell und müssen nicht unbedingt eingeweicht werden. Auch hier gibt es verschiedene Farben, Größen und Geschmacksrichtungen. Linsen eignen sich für Suppen, Eintöpfe, Salate, Bratlinge, Vorspeisen und Aufstriche. Die braunen Tellerlinsen werden getrocknet oder in Konserve angeboten. Linsen haben eine Garzeit von ca. 30 Minuten. Rote und gelbe Linsen sind geschält, zerfallen leicht beim Kochen und nehmen Gewürze gut auf. Die Garzeit beträgt 10-15 Minuten.
Sojabohnen Sojabohnen werden für die Herstellung von Speiseöl, Tofu, Tempeh, Sojasauce, Sojadrink und Sojamehl verwendet. Sie kommen oft in gekeimter Form als Sprossen in asiatische Gerichte.

EA

Aufgabe: *Hülsenfrüchte enthalten einen Giftstoff, daher dürfen sie nicht roh gegessen werden. Wie dieser Giftstoff heißt, findest du unten im Kreuzworträtsel.*

1. In welcher speziellen Form werden manche Hülsenfrüchte in asiatischen Gerichten verwendet?
2. Nenne ein bekanntes Gericht aus Kichererbsen.
3. Aus welcher Hülsenfrucht wird Tofu hergestellt?
4. Hülsenfrüchte werden getrocknet oder in ... angeboten.
5. Welcher Nährstoff kommt reichlich in Hülsenfrüchten vor?
6. Welche Hülsenfrüchte kann man auch roh essen?

1.
2.
3.
4.
5.
6.

Wusstest du ... dass auch die Samen der Süßlupinen zu den Hülsenfrüchten gehören? Lupinen sind vielleicht der Soja-Ersatz der Zukunft. Neben viel Eiweiß, sind viele Vitamine und Mineralstoffe enthalten. Sie haben das Potenzial, tierische Produkte zu ersetzen.

ARBEITSHEFT NAHRUNGSMITTEL & KÜCHENHYGIENE / BAND 1
Eine kleine Warenkunde – Bestell-Nr. 13 067
KOHL VERLAG

3 Kartoffeln – Auswahl nach Verwendungszweck

Kartoffeln sehen von außen zwar fast gleich aus, aber beim Kochen fällt das Ergebnis nur dann zufriedenstellend aus, wenn auch die richtige Sorte gewählt wurde. Auf dem Etikett findest du neben der Angabe der Kartoffelsorte, der Herkunft und der Füllmenge auch noch die Kocheigenschaften. Hier wird je nach Stärkegehalt, zwischen fest kochend, überwiegend fest kochend und mehlig kochend unterschieden. Sie sind für unterschiedliche Gerichte geeignet, denn je mehr Stärke eine Kartoffel enthält, umso lockerer wird sie beim Kochen.

Fest kochende Sorten behalten beim Kochen, Braten oder Backen ihre feste Konsistenz. Sie haben den geringsten Stärkegehalt, verkochen nicht und verzeihen auch, wenn man sie mal zu lange kocht. Die Verpackung hat eine grüne Banderole.

Vorwiegend fest kochende Sorten sind die beliebtesten, da sie universell einsetzbar sind. An ihnen perlt Soße nicht ab, sondern wird aufgesogen. Die Verpackung hat eine rote Banderole.

Mehlig kochende Sorten haben den höchsten Stärkegehalt. Sie verbinden sich gut mit Flüssigkeit. Beim Kochen platzen sie auf, werden sie zu lange gekocht, zerfallen sie und werden wässrig. Die Verpackung hat eine blaue Banderole.

Achtung!

- Kartoffeln kühl und dunkel lagern, grüne Stellen und Keime großzügig entfernen. Dort befinden sich Giftstoffe.
- Die meisten Nährstoffe sind dicht unter der Schale, daher am besten mit der Schale kochen.
- Kartoffeln enthalten viele lebenswichtige Nährstoffe und wenige Kalorien. Allerdings kann die Zubereitung den Energiegehalt stark erhöhen. So enthalten 100 g Kartoffelchips 40 g Fett und 540 kcal. Für diese kleine Sünde muss man 1 Stunde Kraftsport betreiben.

EA

Aufgabe 1: *Kartoffeln sind nicht nur als Sättigungsbeilage zu verwenden. Mit wenigen weiteren Zutaten lassen sich schmackhafte Mahlzeiten zubereiten. Welcher Kochtyp eignet sich für folgende Kartoffelgerichte? Trage sie in die untere Tabelle ein.*

Kartoffelsalate, Salzkartoffeln, Gnocchis, Pommes frites, Pellkartoffeln, Bratkartoffeln, Schupfnudeln, Aufläufe, Suppen, Eintöpfe, Grillkartoffeln, Kartoffelpuffer, Klöße, Gratin, Rösti, Kroketten, Püree, Chips

fest kochende Sorten	vorwiegend fest kochende Sorten	mehlig kochende Sorten

ARBEITSHEFT NAHRUNGSMITTEL & KÜCHENHYGIENE / BAND 1
Eine kleine Warenkunde – Bestell-Nr. 13 067
KOHL VERLAG

3 Kartoffeln – Auswahl nach Verwendungszweck

Aufgabe 2: *Hast du eine Idee, wie du die Stärke aus rohen Kartoffeln sichtbar machen kannst? Probiere aus und schreibe dein Ergebnis auf.*

Wusstest du … dass die Kartoffel vor 400 Jahren noch ein exotisches, fremdes Gemüse in Europa war? Schon vor 5000 Jahren bauten die Inkas in den Anden Kartoffeln an. Mit den Spaniern kamen sie im 16. Jh. nach Europa. Zunächst aber nur wegen ihrer schönen Blüten als seltene Kostbarkeit für die Gärten der Fürsten- und Königshäuser. Erst später kamen die Knollen auf den Tisch. Zunächst wehrten sich die Bauern gegen den Anbau der Kartoffel. Erst als der Preußenkönig Friedrich der Große 1756 den „Kartoffelbefehl" erließ, musste jeder Bauer, unter Androhung von Strafe Kartoffeln anbauen.

4 Getreide – der wichtigste Grundstoff für Lebensmittel

Die Geschichte des Getreides, vom wilden Süßgras zur kultivierten Nutzpflanze, steht im engen Zusammenhang mit unserer Kulturgeschichte. In der Jungsteinzeit wurden die Menschen nach und nach sesshaft. Sie bauten Getreide an, hielten Haustiere und lebten von da an in größeren Gemeinschaften zusammen.

Neben den Getreidesorten Weizen, Roggen, Gerste, Hafer, Dinkel, Hirse, Mais und Reis, gibt es auch sogenannte Pseudogetreide. Sie sind im Aussehen dem Getreide ähnlich, zählen aber zu den Süßgräsern. Amaranth, Quinoa und Buchweizen, sie sind glutenfrei und daher bei Glutenunverträglichkeit ein guter Getreideersatz.

Der Begriff „Vollkorn" besagt, dass sämtliche Bestandteile des Korns, einschließlich des Keimlings enthalten sind. Getreide wird aber nicht nur zu Mehl verarbeitet. Es eignen sich auch nicht alle Getreidesorten fürs Backen. Die Verwendungsmöglichkeiten für Getreide und Pseudogetreide sind recht vielfältig.

Weizen	Roggen	Gerste	Hafer
Weichweizen für Mehl, Brot und Backwaren; Hartweizen für Teigwaren; ganzes Korn, Graupen, Grütze, Grieß, Couscous, Bulgur, Weizenbier, Branntwein, Futtermittel, Kosmetikprodukte, Papier- und Kleisterherstellung	Brot, ganze Körner oder Schrot, Alkoholgewinnung, Roggenmalz als Süßungsmittel und zur Bier- und Whiskeyherstellung, Futtermittel, Biogas	überwiegend als Braugerste, Rohstoff für Malzkaffee, Mehl, Graupen, Grieß, Grütze, Flocken, Futtermittel	Haferflocken, ganze Körner, Hafergrütze, Haferkleie, Hafermilch, Futtermittel
Dinkel	**Hirse**	**Mais**	**Reis**
Mehl, ganzes Korn, Schrot, Grieß, Brot, Nudeln, schwäbische Mehlspeisen und Gebäck **Grünkern** ist als grünes Korn geernteter Dinkel	ganzes Korn, Flocken, glutenfreies Bier, Vogelfutter	Gemüsemais, (frisch, Konserve, TK- Ware), Mehl, Cornflakes, Maisgrieß, Popcorn, Stärke, Maiskeimöl, Biogas, Futtermittel	Lang-, Mittel- und Rundkornreis, gelbe, rote, grüne, schwarze und duftende Sorten, (Basmati, Jasminreis), Reismilch, Reismehl, Reiswein, Likör

4 Getreide – der wichtigste Grundstoff für Lebensmittel

Mehl – eine Typ-Frage

Die Typenzahl des Mehls gibt den Gehalt an Mineralstoffen an. In 100 g Weizenmehl Type 405 sind 405 mg Mineralstoffe enthalten. Je höher die Typenzahl, desto mehr Schalen- und Keimbestandteile sind also im Mehl enthalten. Vollkornmehle und Vollkornschrot haben keine Typenangabe, da sie das ganze Korn enthalten.

Was ist Gluten?

Fast alle Getreidearten enthalten ein sogenanntes Klebereiweiß, das die guten Backeigenschaften dieser Getreidesorten ausmacht. Nur Hirse, Reis und die Pseudogetreide Buchweizen, Quinoa und Amaranth sind glutenfrei.

Aufgabe 1: *Vollkornprodukte enthalten Ballaststoffe, die vielfältige positive Auswirkungen auf unsere Gesundheit haben. Führt den folgenden Versuch durch und notiert eure Beobachtungen. Füllt in zwei große Gläser, je 20 g Weizen- oder Haferkleie. In ein Glas gebt ihr 100 ml, in das andere Glas 200 ml Wasser, und rührt kurz um. Nach ca. 15 Minuten könnt ihr beobachten, wie sich der Gläserinhalt verändert.*

____

____

____

____

Aufgabe 2: *Überlegt gemeinsam, welchen Einfluss eine ballaststoffreiche Kost auf den Verdauungsapparat hat und was man bei dieser Kost beachten sollte. Welche positiven Effekte könnten Ballaststoffe außerdem haben? Diskutiert eure Überlegungen.*

____

____

____

____

Wusstest du … dass an einer Roggenähre ca. 40 Körner reifen? In 1 kg Roggenbrot stecken ca. 30.000 Körner. Es „wächst“ auf einem Quadratmeter Acker. Für 1 Brötchen braucht man rund 1150 Weizenkörner.

5 Ohne Bäcker ist nichts gebacken

Der durchschnittliche Pro-Kopf-Verbrauch an Brot, Brötchen und Kleingebäck liegt bei ca. 87 kg im Jahr, also rund 240 g am Tag. Viele Snacks, ob süß oder pikant, basieren auf der Grundlage von Getreide. Brot gilt als Grundnahrungsmittel. Deutschland ist Weltmeister im Brotverzehr und in der Sortenvielfalt. Die deutsche Brotkultur gehört mittlerweile zum Immateriellen Weltkulturerbe der Unesco.

Die Geschichte des Brotes ist fast so alt wie die Geschichte der Menschheit. In der Steinzeit wurde Getreidebrei auf heißen Steinen zu dünnen Fladenbroten gebacken. Man könnte sie mit den heutigen Tortillas vergleichen. Bereits 3000 v. Chr. entstanden im alten Ägypten die ersten gewerblichen Bäckereien. Der bei uns übliche Brotlaib entstand wahrscheinlich ab dem 2. Jahrtausend v. Chr. im Orient. Er wurde durch den Zusatz von Lockerungsmitteln wie Hefe und Sauerteig zubereitet.

Der Geschmack des Brotes hängt in erster Linie davon ab, aus welchem Getreide es gebacken wurde. Aber auch die Art der Teiglockerung beeinflusst den Geschmack. Mit Sauerteig schmeckt Brot leicht säuerlich. Hefebrote sind neutraler im Geschmack. Die Hefe zerlegt Kohlenhydrate aus dem Mehl, es entstehen Gase, die sich als Bläschen im ganzen Teig verteilen und den Teig aufgehen lassen. Für Sauerteig mischt man Roggenmehl mit Wasser und lässt den Teig viele Stunden bei warmen Temperaturen stehen. Es bilden sich Milchsäurebakterien, die Roggenbestandteile spalten und Gase entstehen lassen. Dadurch wird der Teig locker und bläht sich auf. Wenn der Sauerteig ca. 24 Stunden ruht, bilden sich viele Geschmacksstoffe und das Brot hält sich länger frisch. Diese Zeit hat die Backindustrie nicht. Daher kommen „Helfer" zum Einsatz. Zusatzstoffe sorgen z. B. für mehr Volumen, für eine schöne Kruste, oder verzögern die Schimmelbildung.

Vollkornbrot muss zu mindestens 90 % aus Roggen-, Weizen- oder Dinkelvollkornmehl bestehen. Es enthält alle wertvollen Bestandteile des Kornes, incl. der Randschichten. Hierfür kann das Korn grob oder fein vermahlen sein. Helle Weizenbrote, auch Weißbrot genannt, bestehen zu 90 % aus Weizenmehl, Wasser, Backhefe und geschmacksgebenden Zutaten. Roggenbrote bestehen zu mindestens 90 % aus Roggenmehl. Die Backfähigkeit erhält Roggenbrot durch Sauerteig, bei manchen wird zusätzlich noch Backhefe verwendet. Weizen- oder Roggenmischbrote bestehen zum überwiegenden Teil aus der namensgebenden Getreidesorte.

Außerdem sind verschiedene Spezialbrote wie z. B. Sonnenblumenkern- oder Mehrkornbrot im Handel. Auch Zutaten wie z. B. Nüsse, Kräuter, Sesam, Kürbiskerne, Leinsamen oder Zwiebeln, sorgen für Abwechslung im Brotregal. Manche Brotspezialitäten erhalten ihre Eigenschaften durch spezielle Backverfahren. Pumpernickel wird in geschlossenen Behältern, über 16 Stunden in einem Wasserbad gebacken. Das Brot ist sehr dunkel und schmeckt süßlich-säuerlich. Für Knäckebrot wird weder Sauerteig noch Hefe verwendet. Nach dem Backen bei hohen Temperaturen, ist Knäckebrot wegen des geringen Wassergehaltes für mehrere Monate haltbar. Die Besonderheit von Laugengebäck liegt in der Oberflächenbehandlung der Teiglinge mit Natronlauge. Sie schmecken am besten ganz frisch. Durch die Luftfeuchtigkeit verliert Laugengebäck schnell seine knackige Kruste.

ARBEITSHEFT NAHRUNGSMITTEL & KÜCHENHYGIENE / BAND 1
Eine kleine Warenkunde – Bestell-Nr. 13 067
KOHL VERLAG

5 Ohne Bäcker ist nichts gebacken

Aufgabe 1: *Warum sollte bei der Auswahl von Brot und Backwaren möglichst häufig die Vollkornvariante gewählt werden? Begründe deine Argumente.*

____

____

____

Aufgabe 2: *Erstellt eine Übersicht über die Sortenvielfalt des deutschen Brot- und Backwarenangebotes. Wie aussagekräftig sind die Produktnamen von abgepacktem Brot? Vergleicht mit der Zutatenliste und schreibt eure Erkenntnisse auf.*

____

____

____

Aufgabe 3: *Wenn Brot und Brötchen trocken geworden sind, ist das kein Grund sie wegzuwerfen. Trockenes Brot lässt sich sehr gut weiterverwenden. Nur wenn sich Schimmel gebildet hat, sollte man es nicht mehr verwenden. Sammelt Vorschläge, wie man altbackenes Brot und Brötchen noch verwenden kann und schreibt diese auf.*

____

____

____

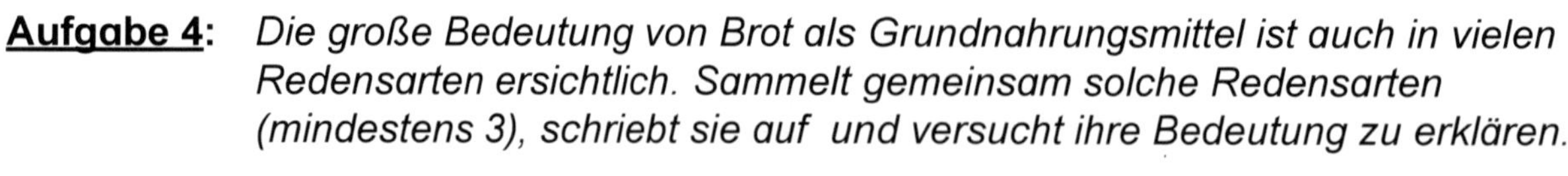

Aufgabe 4: *Die große Bedeutung von Brot als Grundnahrungsmittel ist auch in vielen Redensarten ersichtlich. Sammelt gemeinsam solche Redensarten (mindestens 3), schriebt sie auf und versucht ihre Bedeutung zu erklären.*

____

____

____

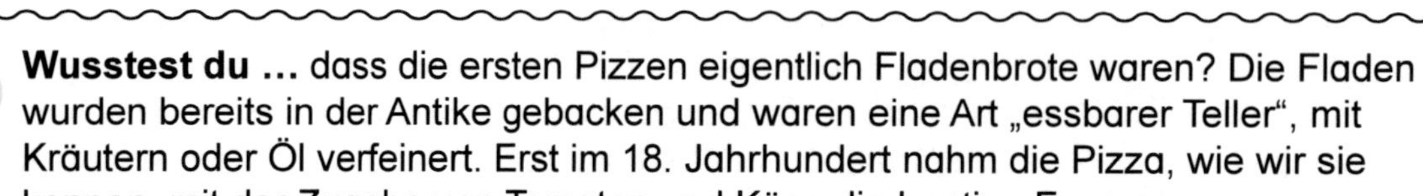

Wusstest du ... dass die ersten Pizzen eigentlich Fladenbrote waren? Die Fladen wurden bereits in der Antike gebacken und waren eine Art „essbarer Teller“, mit Kräutern oder Öl verfeinert. Erst im 18. Jahrhundert nahm die Pizza, wie wir sie kennen, mit der Zugabe von Tomaten und Käse die heutige Form an.

6 Milch – enorm vielseitig

Milch ist kein _______________, sondern ein Lebensmittel mit einem hohen Nährstoffgehalt. Kaum ein anderes Nahrungsmittel liefert dem Menschen in dieser komplexen Form, so viele wertvolle Nährstoffe. Neben hochwertigem Eiweiß und leicht verdaulichem Fett, enthält Milch gut verwertbare Kohlenhydrate in Form von Laktose. Viele Mineralstoffe, besonders Kalzium, Phosphor und Jod, aber auch die Vitamine A und D, sowie Vitamine der B-Gruppe machen Milch zu einem hochwertigen Lebensmittel für jede _______________.

_______________ hat einen natürlichen Fettgehalt von 3,8 – 4,4 %. Wird diese in einer _______________ entrahmt, erhält man Magermilch mit maximal 0,5 % Fettgehalt und Rahm. Neben Magermilch gibt es weitere Trinkmilchsorten im Handel, für die der Fettgehalt mit ________ eingestellt wird. Vollmilch hat einen Fettgehalt von 3,5 %, teilentrahmte Milch 1,5 – 1,8 %.

Bevor die Milch in den Handel kommt, wird sie ____________________________, pasteurisiert, um Keime abzutöten.

Hierbei gibt es verschiedenen Verfahren. „Frischmilch“ wird ca. 30 Sekunden auf 72 – 75 °C erhitzt und ist gekühlt ca. 5 – 6 Tage __________. „Länger haltbare Frischmilch“ / ESL- Milch („Extended-Shelf-Life“) ist gekühlt bis zu 24 Tage haltbar. Das erreicht man entweder mit einem zusätzliches Filtrationsverfahren oder höheren Temperaturen.

„H-Milch“ enthält keine vermehrungsfähigen Keime mehr. Sie wird bei mindestens 135 °C „ultrahocherhitzt“ und hält ___________ acht Wochen und länger, auch ohne Kühlung.

Außerdem wird die Milch „homogenisiert“, damit sich die _______________ nicht an der Oberfläche absetzen. Hierfür wird die Milch mit Druck durch feine Düsen gepresst, wobei die Fettkügelchen _____________ werden und sich gleichmäßig in der Milch verteilen. Es bildet sich keine Rahmschicht mehr, die Milch schmeckt _______________ und ist auch leichter verdaulich.

Joghurt, Kefir und Dickmilch zählen zu den ____________________. Für Joghurt werden der Milch ____________________ zugesetzt. Diese wandeln den Milchzucker (Laktose) in Milchsäure um, die Milch _________ und wird dickflüssig. Der Zusatz „mild“ bedeutet, dass anstelle der _______ säuernden Kulturen, milder säuernde Kulturen verwendet wurden. Joghurt wird in verschiedenen Fettgehaltsstufen, mit und ohne _______________ angeboten. Bei den fettarmen Fruchtjoghurtsorten lohnt der Blick auf die _______________. Fehlt der Geschmacksträger Fett, wird dies häufig mit einem ____________ Zuckerzusatz ausgeglichen. Kefir ist ein Sauermilchgetränk, dem neben Milchsäurebakterien auch _______________, sogenannte „Kefir-Knöllchen“ zugesetzt

ARBEITSHEFT NAHRUNGSMITTEL & KÜCHENHYGIENE / BAND 1
Eine kleine Warenkunde – Bestell-Nr. 13 067
KOHL VERLAG

6 Milch – enorm vielseitig

werden. Kefir kann 0,1-0,6 % ____________ enthalten. Die Hefen bewirken, dass nach dem Abfüllen in der Verpackung der Kefir weitergärt und die sich bildende Kohlensäure den Deckel _______. Hier ist der gewölbte Deckel kein Hinweis auf Verderb. Für Dickmilch werden spezielle Bakterienstämme eingesetzt, die eine ____________ Masse entstehen lassen. Auch hier gibt es verschiedene ______________________ und Fruchtzusätze.

Lassi ist ein Gemisch aus Joghurt, Wasser und pürierten Früchten und Zucker, z. B. Mango-Lassi. Für Ayran wird vollfetter Joghurt mit stark säuernden Joghurt-Kulturen und Wasser gemischt, leicht gesalzen, oder mit Früchten gemischt.

Der Rahm wird für ___________________ verwendet. Hier unterscheidet man Süßrahm- und Sauerrahmprodukte. Zu den Süßrahmprodukten zählt die Kaffeesahne mit mindestens 10 % Fett. Schlagsahne enthält mindestens 30 % Milchfett. Je höher der Fettgehalt, desto besser ist die Stabilität der _______________ Sahne. Creme Double hat einen besonders ________ Fettgehalt von ca. 43 % und wird zum Verfeinern von Saucen oder für Süßspeisen verwendet. Bei Sauerrahmprodukten kommen säuernde ______________________ zum Einsatz. Die Saure Sahne hat einen Fettgehalt von rund 10 %. Schmand liegt bei ca. 24 % und Creme fraiche bei 30 – 40 % Fettgehalt. Schmand und Creme fraiche eignen sich für warme und kalte Speisen, da sie beim Kochen nicht _________________.

Butter wird ebenfalls aus Rahm gewonnen. Für Süßrahmbutter wird _______________ Rahm und gesäuerter Rahm für ____________________ verwendet. Wird der Rahm lange aufgeschlagen, ________ das Milchfett zusammen und als Nebenprodukt bleibt ______________ mit maximal 1 % Fett übrig. Butter hat einen ______________ von mindestens 80 %. Dreiviertelfettbutter enthält ca. 60 % Fett, Halbfettbutter ca. 40 % und Milchstreichfett maximal 38 % Fett. Fettreduzierte Butter hat einen höheren ______________ und ist somit anfälliger für mikrobiellen Verderb. Daher darf den fettreduzierten Buttersorten ______________ als Konservierungsstoff zugesetzt werden. Auch Gelatine, Emulgatoren und Zitronensäure sind zulässig. Da es je nach Fütterung und Jahreszeit zu Farbschwankungen der Butter kommen kann, ist der Zusatz von Beta-Carotin (E160a) als ______________ erlaubt. Butterschmalz wird durch Einschmelzen von Butter gewonnen und ist wasser- sowie eiweißfrei, mit 99,8 % Fettgehalt eignet es sich gut zum Kochen und Braten. Fettreduzierte Butter ist wegen des hohen Wasseranteils nicht zum Braten geeignet.

ARBEITSHEFT NAHRUNGSMITTEL & KÜCHENHYGIENE / BAND 1
Eine kleine Warenkunde – Bestell-Nr. 13 067
KOHL VERLAG

6 Milch – enorm vielseitig

Unter Frischkäse versteht man ungereiften Käse, der sofort nach der Herstellung __________________ ist. Dieser hat keine ____________ und eine weiche, feuchte Konsistenz. Wird Magermilch mit Milchsäurebakterien und etwas Labenzym „dickgelegt“, erhält man Magerquark (10 % Fett i. Tr.). Durch den Zusatz von Sahne wird daraus Speisequark (ca. 20 % Fett i. Tr.) oder __________________ (ca. 40 % Fett i. Tr.). Ist der Fettgehalt höher, dann handelt es sich um Rahmfrischkäse (mindestens 50 % Fett i. Tr.), oder Doppelrahmfrischkäse (60 – 85 % Fett i. Tr.). Körniger Frischkäse hat keine glatte Konsistenz, sondern gleichmäßige, weiche __________________. Schichtkäse entsteht durch Einschichten von drei Lagen dickgelegter Milch in eine Form. Er ist formfest und eignet sich gut für Käsekuchen. Mascarpone ist ein Frischkäse, der nicht aus Milch, sondern aus Sahne hergestellt wird. Alle anderen Käsesorten müssen ______________. Sauermilchkäse aus magerem Sauermilchquark, enthält weniger als 10 % Fett i. Tr. und hat eine __________________ Reifezeit von wenigen Tagen. Zum Sauermilchkäse gehören z. B. Harzer Roller, Mainzer Käse oder Handkäse. Gereifter Labkäse entsteht durch die Zugabe von __________________, wodurch das Eiweiß gerinnt. Bestimmte Milchsäurebakterien sind für den __________________ Geschmack zuständig. Beim „Dicklegen“ werden die festen Inhaltsstoffe der Milch von den flüssigen getrennt. Es entsteht der „Käsebruch“, der mit der „Käseharfe“ zerteilt wird. Je kleiner die __________________ sind, desto fester wird später der ____________. Der Bruch wird in Formen gefüllt und gepresst. In einem ____________ bildet sich dann eine Rinde. Jetzt muss der Käse für mehrere Wochen reifen. Je länger die Reifezeit, umso ausgeprägter ist der Geschmack. Die bei der Käseherstellung anfallende Molke enthält einen Großteil der wasserlöslichen Vitamine und wenig Fett. Sie kommt als __________________ in den Handel.
Zu den gereiften Labkäsesorten gehört Hartkäse wie z. B. Emmentaler, Parmesan oder Bergkäse und auch Schnittkäse wie z. B. Gouda, Tilsiter oder Edamer. Ebenso halbfeste Schnittkäse wie z.B. Butterkäse und Edelpilzkäse, sowie die Weichkäsesorten Camembert, Brie oder Weinkäse. Auch Hirtenkäse oder Balkankäse gehören zum Weichkäse, Nicht zu verwechseln mit Feta, der aus __________________ hergestellt wird.

Lösungssatz:

____

____

ARBEITSHEFT NAHRUNGSMITTEL & KÜCHENHYGIENE / BAND 1
Eine kleine Warenkunde – Bestell-Nr. 13 067
KOHL VERLAG

6 Milch – enorm vielseitig

Aufgabe 1: *Setze die Wörter in die Textlücken (S. 13-15) ein. In der richtigen Reihenfolge ergeben die Buchstaben einen Lösungssatz.*

Zentrifuge (D) • vollmundiger (S) • ungeöffnet (E) • Sauermilchprodukten (T) • Vollmilch (R) • stark (K) • Milchsäurebakterien (Ü) • gerinnt (C) • Sahneprodukte (R) • Sahnequark (R) • Fruchtzusatz (G) • Altersstufe (I) • Rahm (K) • höheren (K) • Zutatenliste (E) • Kefirhefen (A) • Fettgehaltsstufen (T) • stichfeste (T) • hohen (C) • Fettkügelchen (A) • ausflocken (N) • Durstlöscher (W) • ungesäuerter (E) • Bakterienkulturen (K) • klumpt (E) • Alkohol (U) • wölbt (F) • Fettgehalt (W) • zerkleinert (M) • Sorbinsäure (N) • Sauerrahmbutter (T) • verzehrfertig (G) • wärmebehandelt (Ä) • Rinde (E) • geschlagenen (O) • Körnchen (S) • haltbar (S) • Buttermilch (R) • Wassergehalt (E) • Farbstoff (I) • reifen (C) • Trinkmolke (U) • kurze (H) • Labenzym (N) • Käse (L) • Bruchstücke (L) • Salzbad (A) • typischen (E) • Schafsmilch (S)

Aufgabe 2: *Welche Bedeutung hat Kalzium für den menschlichen Körper? Informiere dich und notiere deine Ergebnisse. Wo hast du sie gefunden?*

____

____

____

Aufgabe 3: *Bei Laktoseunverträglichkeit muss man nicht auf Milchprodukte verzichten. Welche Milchprodukte können in der Regel problemlos verzehrt werden?*

____

____

____

Wusstest du

... dass eine Kuh pro Tag ca. 27 l Milch produziert und dafür min. 50 kg Futter und rund 150 l Wasser benötigt?

... dass die Kuh täglich 10 Stunden kaut, mit rund 30.000 Kaubewegungen und dabei 150 l Speichel produziert?

... dass für 1 kg Butter rund 18 l Milch benötigt werden und das jeder Deutsche jährliche rund 22 Pakete Butter verspeist?

... dass Milch kein Mittel gegen Vergiftungen ist, sondern die Giftaufnahme durch den Darm sogar noch beschleunigt? Setzer in den Zeitungsdruckereien bekamen früher täglich 1 l Milch zugeteilt, um einer Bleivergiftung vorzubeugen. Bergleute tranken noch bis in die 50er Jahre täglich Milch, als Prophylaxe gegen eine Quarzstaub-lunge.

7 Rätselhafte Fettangaben auf der Käsepackung

Der Fettgehalt im Käse wird bezogen auf die Trockenmasse, mit der Abkürzung „Fett i. Tr." angegeben. Da während der Reifung und der Lagerung Wasser verdunstet, wird der Käse leichter. Die festen Bestandteile, die Trockenmasse, die hauptsächlich aus Fett und Eiweiß besteht, bleibt nahezu gleich im Gewicht. Dadurch nimmt der Fettanteil mit der Zeit prozentual zu. Je weniger Wasser ein Käse enthält, umso größer ist der Trockenanteil.

Nach der Käseverordnung muss auf der Käsepackung entweder der Fettgehalt in der Trockenmasse angegeben werden, oder die Fettgehaltsstufe. Meist werden beide Angaben gemacht.

Doppelrahmstufe	60 – 87 Fett i. Tr.
Rahmstufe	mindestens 50 % Fett i. Tr.
Vollfettstufe	mindestens 45 % Fett i. Tr.
Fettstufe	mindestens 40 % Fett i. Tr.
Dreiviertelfettstufe	mindestens 35 % Fett i. Tr.
Halbfettstufe	mindestens 20 % Fett i. Tr.
Viertelfettstufe	mindestens 10 % Fett i. Tr.
Magerstufe	unter 10 % Fett i. Tr.

Wir haben aber die Möglichkeit, den absoluten Fettgehalt überschlägig zu berechnen. Dazu multipliziert man die Angabe „Fett i. Tr." mit folgenden Faktoren:

Frischkäse	mit 0,3	**Beispiel:**
Weichkäse	mit 0,5	100 g Camembert mit 45 % Fett i. Tr.
Schnittkäse	mit 0,6	45 x 0,5 = 22,5 → ca. 22 g Fett in 100 g
Hartkäse	mit 0,7	
		100 g Quark mit 20 % Fett i. Tr.
		20 x 0,3 = 6 → 6 g Fett in 100 g

Frischkäse	Weichkäse	Schnittkäse	Hartkäse
Speisequark	Camembert	Gouda	Emmentaler
Rahmfrischkäse	Brie	Tilsiter	Bergkäse
Doppelrahmfrischkäse	Edelpilzkäse	Edamer	Chester / Cheddar
Körniger Frischkäse	Limburger	Raclette	Parmesan
Schichtkäse	Butterkäse	Esrom	Greyerzer
	Münsterkäse		Comté
	Weinkäse		
	Weichkäse in Salzlake		

Aufgabe 1: *Berechne den absoluten Fettgehalt von verschiedenen Käsesorten und schreibe ihn in dein Heft. Wähle möglichst unterschiedliche Sorten. Notiere auch den Energiegehalt dazu.*

ARBEITSHEFT NAHRUNGSMITTEL & KÜCHENHYGIENE / BAND 1
Eine kleine Warenkunde – Bestell-Nr. 13 067
KOHL VERLAG

7 Rätselhafte Fettangaben auf der Käsepackung

Aufgabe 2: *Stelle einen Frischkäse her.*

Dafür erwärmst du 1 Liter Vollmilch (3,5 %) in einem Topf auf ca. 70 °C. Das lässt sich gut mit einem Küchenthermometer kontrollieren. Von der Herdplatte nehmen und den Saft einer Zitrone unterrühren. Ein feines Sieb mit einem sauberen Tuch auslegen und über eine Schüssel stellen. Wenn die Milch ausflockt, in das Sieb gießen. Ist die Molke abgelaufen, das Tuch vorsichtig zusammendrücken, damit die restliche Molke auslaufen kann. Die Käsemasse mit Salz, Pfeffer, Paprika oder Kräutern mischen. Gibst du zur Milch 200 ml Schlagsahne erhältst du Sahnefrischkäse. Die Frischkäsekugel lässt sich gut in Kräutern, Sesam oder gehackten Nüssen wälzen. Die Molke kann getrunken oder zum Kochen verwendet werden.

Wusstest du ... dass Milch nicht überkocht, wenn sie beim Kochen mit dem Schneebesen geschlagen wird? Wenn Milch erhitzt wird, bildet sich eine dünne Haut aus Milcheiweiß, unter der sich der Wasserdampf staut. Es entsteht ein Druck, der schließlich dazu führt, dass die Milch aus dem Topf quillt. Das Schlagen verhindert die Hautbildung.

8 Fett ist nicht gleich Fett

Ganz ohne Fett geht es nicht. Nicht nur bei der Zubereitung vieler Speisen benötigen wir Fett, auch unser Körper braucht die Inhaltsstoffe der Fette für viele lebenswichtige Funktionen. Ohne Fett können z. B. die fettlöslichen Vitamine nicht im Körper aufgenommen werden. Wichtig ist nur, dass richtige Fett, in der richtigen Menge zu verwenden. Schließlich ist Fett auch ein Geschmacks- und Aromaträger.

Ein Fettmolekül besteht aus einem Teil Glyzerin, an dem 3 Fettsäuren hängen. Diese Fettsäuren können ganz verschieden sein; lang-, mittel- und kurzkettig, gesättigt, einfach oder mehrfach ungesättigt. Gesättigte Fettsäuren sind für den Körper nicht essenziell, das heißt, sie müssen nicht zugeführt werden, sondern können aus anderen Nahrungsbestandteilen aufgebaut werden. Diese Fettsäuren sind vor allem in Fleisch- und Wurstwaren, Butter und Kokosfett enthalten. Die meisten ungesättigten Fettsäuren sind essentiell und müssen mit der Nahrung aufgenommen werden. Diese Fettsäuren liefern uns Pflanzenöle, Nüsse, Samen und Fisch.

Glycerin
Fettsäure 1
Fettsäure 2
Fettsäure 3

Gesättigte Fettsäure keine Doppelbindung

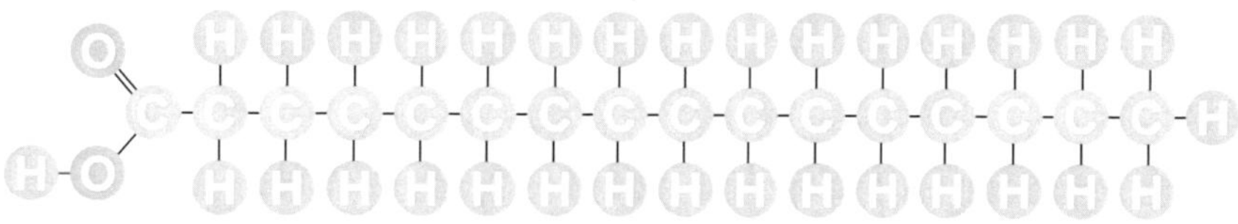

Einfache ungesättigte Fettsäure Doppelbindung

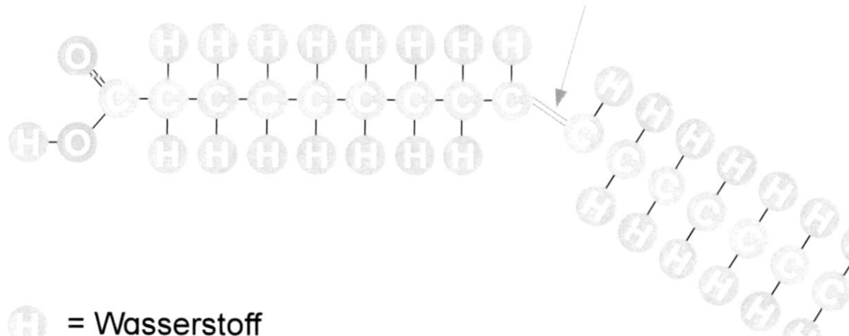

H = Wasserstoff
C = Kohlenstoff
O = Sauerstoff

tierische Fette	pflanzliche Fette
Milchfett (Sahne, Butter, Butterschmalz) **Schlachtfett** (Schmalz, Talg, Speck) **Fleischfett** **Fischfett**	**Frucht- und Samenfette** (Speiseöle, Margarine)

ARBEITSHEFT NAHRUNGSMITTEL & KÜCHENHYGIENE / BAND 1
Eine kleine Warenkunde – Bestell-Nr. 13 067
KOHL VERLAG

8 Fett ist nicht gleich Fett

Das Fettsäuremuster entscheidet darüber, ob ein Fett flüssig oder fest ist. In diesem Zusammenhang spricht man auch vom Schmelzpunkt. Flüssige und weiche Fette (Öl, Sahne, Butter, Margarine) haben einen niedrigen Schmelzpunkt und sind schon bei Körpertemperatur flüssig. Daher sind diese Fette leichter verdaulich. Feste Fette haben einen höheren Schmelzpunkt und brauchen deutlich länger um verdaut zu werden. Öl ist bei ca. 5 °C flüssig, Butter und Margarine bei ca. 28 – 33 °C, Schmalz, Kokosfett und Talg sind erst bei 40 – 50 °C flüssig.

Nicht alle Fette eignen sich zum Erhitzen. Kaltgepresste Öle mit einem hohen Gehalt an ungesättigten Fettsäuren sollten nur für Salate und kalte Speisen verwendet werden. Bei Hitze zerfallen sie, dabei entstehen sogar gesundheitsschädliche Stoffe. Zum Braten und Frittieren daher nur raffinierte Öle oder Butterschmalz verwenden. Aber auch diese Fette nicht zu stark erhitzen. Beginnt ein Fett zu rauchen, kommt es zu Zersetzungsprozessen, bei denen krebserregende Stoffe entstehen. Frittierfett sollte max. 6-mal verwendet werden, dabei ist zu beachten, dass gebrauchtes Fett schneller den Rauchpunkt erreicht.

Aufgabe 1: *Mache Vorschläge, wie du übermäßigen Fettkonsum vermeiden kannst. Schreibe 3 Beispiele in dein Heft.*

Aufgabe 2: *Ordne den folgenden Lebensmitteln in der unteren Zeile den Fettgehalt zu. Trage ihn ein.*

0,2 g – 0,5 g – 1 g – 2 g – 18 g – 20 g – 30 g – 32 g – 49 g – 50 g Fett

100 g Erdnüsse	150 g Räucheraal	150 g Hähnchenbrust	1 Apfel	150 g Seelachsfilet
1 Bratwurst	½ Tafel Schokolade	1 Stück Torte	25 g Mayonnaise	1 Möhre

Wusstest du ... dass ein Croissant rund 22 g Fett enthält? Dass 7 Croissants den Sättigungswert einer Kartoffel haben oder dass 100 g Schokotrüffel – 8 kleine Häppchen – so viele Kalorien haben wie 6 große Bananen?

ARBEITSHEFT NAHRUNGSMITTEL & KÜCHENHYGIENE / BAND 1
Eine kleine Warenkunde – Bestell-Nr. 13 067
KOHL VERLAG

9 Speiseöl – für jeden Geschmack etwas dabei

Speiseöl kann in Geschmack, Farbe und nicht zuletzt auch im Preis recht unterschiedlich sein. Zur Herstellung können verschiedene Samen, Früchte und Nüsse verwendet werden. Viele Gerichte erhalten ihren typischen Geschmack erst durch das passende Öl. Ausprobieren lohnt sich auf jeden Fall. Das Ausgangsprodukt ist auf der Flasche angegeben, z. B. „Olivenöl“. Bei der Angabe „Speiseöl“, „Pflanzenöl“ oder „Tafelöl“ kann es sich um eine Mischung aus verschiedenen Rohstoffen handeln.

„Kalt gepresste“ oder „Native“ Öle werden rein mechanisch gewonnen. Es wird keine Wärme zugeführt. Das ist sehr schonend und der sortentypische Geschmack und Geruch bleibt erhalten. Feste Bestandteile werden anschließend durch Filtern oder durch eine Zentrifuge abgetrennt. Ist ein Öl nicht als „kaltgepresst“ oder „nativ“ gekennzeichnet, handelt es sich um raffiniertes Öl. Durch den Einsatz von Hitze und Chemikalien ist der Ertrag höher. Die Lösungsmittel werden anschließend durch eine Hitzebehandlung wieder entfernt. Diesen Prozess nennt man „Raffinieren.“ Solche Öle sind hitzebeständiger, geschmacksneutral und länger haltbar. Allerdings gehen auch viele wertvolle Inhaltsstoffe verloren. Raffinierte Öle eignen sich gut zum Braten und Frittieren. Für Salate und kalte Speisen sind kalt gepresste Öle zu bevorzugen.

Licht, Wärme und Sauerstoff beeinflussen die Haltbarkeit von Fetten und Ölen. Besonders kalt gepresste Öle sind empfindlich. Ist ein Öl ranzig, dann riecht und schmeckt man das.

P	S	E	S	A	M	S	A	M	E	N	D	I	E	K	A	L	T	G	T
A	E	M	A	N	D	E	L	N	P	R	E	B	S	S	S	T	K	E	R
L	N	A	V	O	C	A	D	O	S	P	F	A	W	L	O	A	O	N	A
M	O	Z	E	N	Ö	L	E	L	I	E	F	U	E	E	J	R	K	H	U
F	L	N	E	R	D	N	Ü	S	S	E	D	M	I	I	A	E	O	A	B
R	I	F	Ü	R	U	N	S	E	R	E	N	W	Z	K	B	Ö	S	S	E
Ü	V	R	D	I	S	T	E	L	N	P	E	O	E	M	O	L	N	E	N
C	E	R	L	E	B	E	N	S	N	O	T	L	N	O	H	E	Ü	L	K
H	N	W	E	N	D	I	G	E	N	F	E	L	K	H	N	I	S	N	E
T	T	P	A	L	M	K	E	R	N	E	T	S	E	N	E	N	S	Ü	R
E	S	R	A	P	S	S	A	M	E	N	Ä	A	I	S	N	S	E	S	N
K	Ü	R	B	I	S	K	E	R	N	E	U	M	M	A	R	A	E	S	E
N	M	A	I	S	K	E	I	M	E	U	N	E	E	M	D	M	F	E	E
T	T	L	W	A	L	N	Ü	S	S	E	Ö	N	S	E	L	E	I	C	H
B	U	C	H	E	C	K	E	R	N	E	N	V	I	N	T	N	A	M	I
N	E	S	O	N	N	E	N	B	L	U	M	E	N	K	E	R	N	E	!

Aufgabe: *Hier findest du waagerecht und senkrecht 22 verschiedene Rohstoffe für die Gewinnung von Speiseölen. Markiere diese Begriffe. Die restlichen Buchstaben ergeben von links nach rechts gelesen einen Lösungssatz.*

Wusstest du … dass ein Olivenbaum erst nach 7 Jahren Früchte trägt und bis zu 1000 Jahre alt werden kann? Im Mittelmeerraum gibt es rund 1000 verschiedene Olivenarten. Im antiken Rom wurde Olivenöl für die Körperpflege verwendet. Es gibt professionelle Olivenölverkoster, „Sommeliere“. Es gibt nur wenige Lebensmittel, die so oft gefälscht werden wie Olivenöl.

ARBEITSHEFT NAHRUNGSMITTEL & KÜCHENHYGIENE / BAND 1
Eine kleine Warenkunde – Bestell-Nr. 13 067
KOHL VERLAG

10 Zucker – nicht nur aus der Zuckerrübe

Die Vorliebe für süß ist uns angeboren. Aber Vorsicht! 100 g Zucker liefert 405 kcal. Hier das richtige Maß zu finden, stellt für viele Naschkatzen eine große Herausforderung dar.

Neben Rohr- und Rübenzucker (Saccharose) in den verschiedensten Formen, findet man im Supermarkt noch eine verwirrende Vielzahl an süßenden Produkten. Eines haben alle gemeinsam, es sind Kohlenhydrate wie auch der normale Haushaltszucker. Auch wenn der Name, die Farbe oder die Verpackung den Eindruck erwecken, es würde sich um besonders gesunde Produkte handeln. Flüssige oder weiche Produkte wie Honig oder Sirup, haben durch ihren Wasseranteil etwas weniger Kalorien pro 100 g. Je nach Ausgangsprodukt unterscheiden sie sich im Geschmack, aber besonders im Preis vom Haushaltszucker.

Der Haushaltszucker ist ein sogenannter Doppelzucker. Er besteht aus einem Fruchtzucker- und einem Traubenzuckermolekül. Auch die Stärke in Getreide, Gemüse und Kartoffeln gehört zu den Kohlenhydraten. Sie besteht aus einer langen Kette von Traubenzuckermolekülen (Vielfachzucker), schmeckt aber nicht süß. Je länger die Kette ist, umso weniger Süße ist zu schmecken. Das können wir gut mit einem Stück Brot überprüfen. Kaut man lange genug auf dem Brot, schmeckt es süß, denn die einzelnen Moleküle werden durch die Enzyme im Mundspeichel abgetrennt.

Rübenzucker

Aus 10 Zuckerrüben erhält man ca. 1 kg Zucker. Heißes Wasser löst den Zucker aus den zerkleinerten Rübenstücken. Der so gewonnene Rohsaft wird gereinigt, und das Wasser entzogen, bis sich kleine Zuckerkristalle bilden. In Zentrifugen wird der Sirup von den Kristallen getrennt. Wasserdampf entfernt den restlichen Sirup (Melasse), zurück bleibt **weißer Zucker**. Nach dem Trocknen kann der Zucker zu vielen verschiedenen Produkten verarbeitet werden. Für **braunen Zucker** übersprüht man den weißen Zucker mit Melasse. Wird weißer oder brauner Zucker angefeuchtet, gepresst und getrocknet, erhält man **Würfelzucker** und **Zuckerhut**. Durch Mahlen entsteht **Puderzucker**. Durch sehr langsames Auskristallisieren gewinnt man **weißen Kandis, Kluntje, Grümmel- und Krustenkandis**. Durch den Zusatz von Apfelpektin und Zitronensäure entsteht **Gelierzucker. Einmachzucker** ist grobkörniger und enthält kein Geliermittel. Für Hagelzucker werden Zuckerblöcke zerstoßen. Für **Zuckerrübensirup** werden die Rübenstücke für einige Stunden bei hoher Temperatur gedämpft, gefiltert und durch Hitze zu einem zähflüssigen Sirup eingedickt.

Rohrzucker

Schon vor 3000 Jahren wurde Zuckerrohr in Indien verwendet. Erst im 18. Jh. gelangte Zuckerrohr nach Europa. Die ca. 3 cm dicken und bis zu 3 m hohen, bambusähnlichen Stängel, werden zerkleinert, ausgepresst und zu Sirup eingekocht, ähnlich wie bei Zuckerrüben. Die Melasse wird abgetrennt, die Zuckerkristalle werden zweimal gewaschen, aufgelöst und eingekocht. Chemisch gibt es keinen Unterschied zum Rübenzucker. Er wird grob, fein, weiß und braun angeboten. Zuckerrohrmelasse wird für die Rumherstellung verwendet.

ARBEITSHEFT NAHRUNGSMITTEL & KÜCHENHYGIENE / BAND 1
Eine kleine Warenkunde – Bestell-Nr. 13 067
KOHL VERLAG

10 Zucker – nicht nur aus der Zuckerrübe

Aufgabe 1: *Informiere dich über die Aufgaben der Kohlenhydrate im Körper und über die Folgen von übermäßigem Zuckerkonsum. Schreibe auf, was du herausgefunden hast.*

Aufgabe 2: *Kohlenhydrate haben wichtige Aufgaben im menschlichen Körper und sind ein wichtiger Energielieferant. Getreide, Hülsenfrüchte, Gemüse und Obst enthalten viele Kohlenhydrate. Zucker liefert große Mengen Kohlenhydrate, wird aber als leerer Kalorienträger bezeichnet. Begründe diese Aussage schriftlich.*

Wusstest du ... dass der Würfelzucker in Folge eines Unfalls erfunden wurde? 1841 verletzte sich die Frau eines Zuckerfabrikanten, beim Versuch ein Stück Zucker von einem Zuckerblock zu brechen, am Finger. Die Blöcke waren hart und rund anderthalb Meter hoch. Wer Zucker brauchte, der benötigte Hammer, Brechstange und Zange. Schon drei Monate später hatte ihr Mann die Lösung des Problems gefunden.

10 Zucker – nicht nur aus der Zuckerrübe

Als süßende Zutat können wir nicht nur Rohr- und Rübenzucker verwenden. Alles eine Geschmackssache.

Traubenzucker (Glucose)
Durch den Einsatz von Enzymen, kann man Traubenzucker industriell aus der Stärke von Kartoffeln, Mais oder Weizen herstellen. Als Einfachzucker geht Traubenzucker sofort zur Energielieferung ins Blut.

Fruchtzucker (Fructose)
Fruchtzucker hat eine höhere Süßkraft als Haushaltszucker. Er kann durch den Einsatz von Enzymen, oder aus aufgespaltetem Haushaltszucker oder Stärke gewonnen werden.

Honig
Die Grundlage für Blütenhonig ist der Nektar blühender Pflanzen. Waldhonig produzieren Bienen aus süßen Pflanzensäften von Blättern und Baumnadeln. Durch Enzyme dicken die Bienen den Honig ein.

Ahornsirup
Um den süßen Saft zu gewinnen, wird der Ahornbaum angebohrt und der Saft abgezapft. Durch Einkochen entsteht ein dickflüssiger Sirup. Aus 40 Liter Saft wird 1 Liter Sirup gewonnen.

Reissirup
Eine flüssige Süße, die nur sehr wenig Fructose enthält und so auch bei Fructoseintoleranz geeignet ist. Er wird enzymatisch aus Vollkornreis hergestellt und schmeckt leicht nach Karamell. Er hat eine geringere Süßkraft.

Agavendicksaft
Der Saft wird aus den Blättern einer Agavenart gewonnen. Der eingekochte Saft hat kaum Eigengeschmack und besteht überwiegend aus Fruchtzucker. Daher ist er süßer als Haushaltszucker.

Kokosblütenzucker
Die Blüten der Kokospalme werden zweimal täglich angeritzt. Pro Tag wird ein Liter pro Palme in Handarbeit gewonnen. Er ist weniger stark verarbeitet als Haushaltszucker und hat den gleichen Kaloriengehalt.

Fruchtdicksäfte
Für **Apfel-, Birnen- und Traubendicksaft** wird der Fruchtsaft sirupartig eingekocht. Sie haben einen hohen Fruchtzuckergehalt und werden z.B. für Gebäck, Limonade, Müsli und Desserts verwendet.
Dattelsirup oder Dattelpaste wird nur aus eingeweichten Datteln und Wasser hergestellt. Dattelpaste hat einen hohen Ballaststoffgehalt und sorgt so für eine langsamere Kohlenhydrataufnahme im Blut.

Zucker – nicht nur aus der Zuckerrübe

Aufgabe 3: *In einigen Ländern gibt es eine Zuckersteuer. Auch in Deutschland fordern viele die Zuckersteuer. Die WHO empfiehlt z. B. Getränke mit zugesetztem Zucker mit einer Sondersteuer von 20 % zu belegen. Diskutiert gemeinsam und tauscht eure Meinungen aus.*

Aufgabe 4: *Macht gemeinsam einen Geschmackstest. Bringt die Zutaten für ein Müsli, z. B. Haferflocken, Milch, Joghurt, frische Früchte und verschiedene Zutaten für den süßen Geschmack mit. Vergleich den Geschmack und die benötigte Menge. Bereitet verschiedene Schalen zu, aus denen jeder etwas nehmen kann.*

Wusstest du ... dass jeder Deutsche pro Kopf und Jahr rund 35 kg Zucker verspeist? Oder das brauner Zucker nicht gesünder als weißer Zucker ist? Da hier der Mineralstoffgehalt unter 1% liegt, kann man das vernachlässigen. Auch Honig besteht zu 80 % aus Zucker und enthält nur wenige Vitamine und Mineralstoffe.

11 Zuckerersatz – Zuckeraustauschstoffe und Süßstoffe

Wer mit weniger Kalorien, oder ganz ohne Kalorien süßen möchte, der kann zu den Zuckeraustauschstoffen oder den Süßstoffen greifen. Sie tragen auf der Zutatenliste alle eine E-Nummer. Zuckeraustauschstoffe erkennt man an der Endung –it oder –t. Sie werden größtenteils insulinunabhängig im Stoffwechsel verwertet und werden häufig in „zuckerfreien" Süßigkeiten verwendet, da sie nicht auf den Zahnschmelz einwirken. Im Vergleich zum Haushaltszucker haben einige Zuckeraustauschstoffe eine deutlich geringere Süßkraft, was den geringeren Kaloriengehalt durch Mehrverbrauch zum Teil wieder ausgleicht.

Aber Vorsicht! Wer glaubt mit ruhigem Gewissen, größere Mengen so gesüßter Süßigkeiten naschen zu können, der sollte den aufgedruckten Hinweis beachten: „Kann bei übermäßigem Verzehr abführend wirken." 20 – 30 g Zuckeraustauschstoffe können Durchfall verursachen. Schon bei 10 – 20 g auf einmal gegessen, kann dies Blähungen zur Folge haben. Und wer sich wundert, dass er nach dem süßen Snack erst richtig Hunger hat, sollte wissen, dass Zuckeraustauschstoffe den Appetit anregen, besonders auf Süßes.

Erythrit (E 968) wird durch Gärung aus Mais gewonnen. In 100 g sind 20 kcal enthalten. Die Süßkraft ist nur halb so stark wie die von Zucker.

Isomalt (E 953) wird durch bakterielle Fermentation aus Zuckerrüben hergestellt. Die Süßkraft liegt bei 50%, der Kaloriengehalt bei 200 kcal. In der Patisserie werden stabile Dekorationen daraus hergestellt.

Xylit (E 967), auch als Birkenzucker im Handel. Die Süßkraft ist dem Haushaltszucker ähnlich, der Kaloriengehalt beträgt 240 kcal. Er wird aus Birkenrinde, oder Rückständen der Zuckergewinnung gewonnen.

Sorbit (E 420) wird in der industriellen Herstellung aus Mais- und Weizenstärke gewonnen. In 100 g sind 240 kcal enthalten. Die Süßkraft beträgt 40 – 60 % im Vergleich zum Zucker.

Maltit (E 965) wird durch ein spezielles Verfahren aus Mais- oder Weizenstärke gewonnen. In 100 g sind ca. 240 kcal enthalten. Die Süßkraft beträgt 60 – 90 %.

Mannit (E 421), für die Herstellung des weißen Pulvers wird Fruktose enzymatisch bearbeitet. Die Süßkraft beträgt ca. 60 %. In 100 g sind 240 kcal enthalten.

Lactit (E 966) ist ein reiner Designerstoff. Er wird aus Milchzucker hergestellt. 100 g enthalten 200 kcal. Die Süßkraft beträgt nur 30 – 40 % und wird eher in der Lebensmittelindustrie verwendet.

11 Zuckerersatz – Zuckeraustauschstoffe und Süßstoffe

Süßstoffe

Süßstoffe enthalten keine Kalorien, mit Ausnahme von Aspartam und Thaumatin. Beide haben 4 kcal/g, was allerdings bei einer Süßkraft von 200 x höher (Aspartam) bzw. 2000-3000 x höher (Thaumatin) als Zucker, wenig Bedeutung hat. Süßstoffe werden in flüssiger Form, als Pulver und in Tablettenform angeboten. Seit 2011 ist Stevia in der EU zugelassen. Stevia wird aus den Blättern des Süßkrautes gewonnen. Es hat nahezu keine Kalorien, ist süßer als Zucker und hat einen leicht bitteren Beigeschmack. Nicht alle künstlichen Süßstoffe sind hitze- und backbeständig. Wer beim Backen den Zucker durch Süßstoff ersetzen möchte, sollte die Hinweise auf der Verpackung beachten. Besonders bei flüssigen Süßstoffen ist es schwierig das gewünschte Backergebnis zu erzielen. Wenn 100 g Zucker durch 10 ml Stevia oder 7,5 ml Saccharin ersetzt werden, hat der Teig eine andere Beschaffenheit.

Aufgabe 1: *Warum sind Zuckeraustauschstoffe oder Süßstoffe eine Alternative für Diabetiker? Recherchiere und schreibe deine Ergebnisse auf.*

____

____

____

____

Aufgabe 2: *Wie beurteilst du ein strenges Verbot von Süßigkeiten bei Kindern? Notiere deine Gedanken.*

____

____

____

____

Wusstest du ... dass 1878 zufällig in einem Magdeburger Labor, eine extrem süß schmeckende Substanz entdeckt wurde? Schon 1887 gab es die erste Saccharinfabrik der Welt. Die österreichische Zuckerindustrie lief Sturm und bewirkte Süßstoffgesetze und Verbote. Das ließ den Schmuggel blühen. Einfuhrzölle in einigen Ländern umging man, indem Saccharin in Kleidung eingenäht wurde, oder in Heringsfässern über die Grenze gebracht wurde. Im bayrischen Grenzort Bischofsreut veranstaltete man Prozessionen mit einer hohlen Figur voller Schmuggelware für das benachbarte Böhmen, der legendäre „Saccharin-Heilige“ Johannes von Nepumuk.

12 Die richtigen Backtriebmittel für ein gutes Backergebnis

Wenn wir Brot und Kuchen mit einer lockeren, luftigen Konsistenz haben möchten, gehören Backtriebmittel in den Teig. Sie sorgen dafür, dass sich bei Hitzeeinwirkung Gasbläschen bilden, die sich im Teig verteilen und das Volumen vergrößern. Hierfür können wir, je nach Rezept, zu chemischen Backtriebmitteln wie Backpulver, Hirschhornsalz und Pottasche greifen. Oder wir verwenden natürliche Backtriebmittel wie Hefe, Sauerteig oder Backferment.

Backhefe
Hefepilze ernähren sich von Kohlenhydraten. Kommt Sauerstoff dazu, bilden die Hefen Kohlendioxid, ein Gas das den Teig aufgehen lässt. Trockenhefe entsteht durch Wasserentzug. Hefestämme wachsen auf Melasse, dem Nebenprodukt der Zuckergewinnung. Bei der Herstellung werden Schwefel, Ammoniak, Phosphate und Öl eingesetzt. Bio-Hefe wächst auf Bio-Getreide, weitere Zutaten sind hier Zitronen- und Milchsäure.

Sauerteig
Dieses älteste Backtriebmittel ist eine Mischung aus Wasser, Roggenmehl und Milchsäurebakterien. Im Teig fermentiert die Milchsäure die Stärke und produziert Kohlenstoffdioxid. Dadurch wird der Teig locker. Früher hat man Roggenteig so lange stehen lassen, bis die überall vorhandenen Milchsäurebakterien den Teig angesäuert und den Gärprozess in Gang gesetzt hatten. Heute gibt man fertigen Sauerteig in den Brotteig. Den gibt es in kleinen Beuteln, bzw. als Granulat. Hefe würde bei schwerem Roggenteig nicht ausreichen.

Backferment
Ähnlich wie Sauerteig, handelt es sich um ein durch Gärung gewonnenes Backtriebmittel. Es wird auf der Basis von Honig, Getreide, meist Weizen oder Mais und Hülsenfrüchtemehl, z. B. Erbsenmehl gewonnen. Der Geschmack ist milder und kommt bevorzugt in Weizen- und Dinkelbrot zum Einsatz. Es kann auch aus glutenfreien Getreidearten hergestellt werden.

Backpulver
Das ist eine Mischung aus Natron, Säuerungsmittel (Phosphat) und Trennmittel (Stärke). Durch die Zugabe von Feuchtigkeit reagiert Natron mit der Säure, Kohlendioxid wird freigesetzt und lockert den Teig auf. Das Trennmittel soll verhindern, dass dieser Prozess durch Luftfeuchtigkeit schon in der Verpackung stattfindet. In **Weinstein-Backpulver** wird anstelle von Phosphat, Weinsteinsäure verwendet, die bei der Wein- und Sektherstellung anfällt. Beide sind geschmacksneutral und erzielen das gleiche Backergebnis. Weinstein-Backpulver ist glutenfrei, da Maisstärke verwendet wird, sowie phosphatfrei, für Nierenpatienten wichtig.

Hirschhornsalz
Dies ist ein Gemisch aus Ammoniumsalzen, das in Wasser aufgelöst wird. Bei Temperaturen über 60 °C zerfällt Hirschhornsalz in Ammoniak, Kohlendioxid und Wasser. Es eignet sich nur für flaches Kleingebäck. Bei schweren Teigen bleibt ein leichter Ammoniakgeschmack zurück. Bei „Amerikanern" ist dieser erwünscht.

Pottasche
Hierbei handelt es sich um eine chemische Verbindung, Kaliumcarbonat als Träger für Kohlendioxid. Die Abspaltung von Kohlendioxid erfolgt durch Säuren, die dem Teig durch Honig zugesetzt werden. Pottasche eignet sich für schwere Teige, die beim Backen locker werden und in die Breite gehen sollen. Für Lebkuchen wird Pottasche auch zusammen mit Hirschhornsalz verwendet.

Aufgabe 1: *Suche für jedes Backtriebmittel möglichst zwei Rezepte.*

Wusstest du … warum frische Hefe in 42-g-Würfeln abgepackt sind? Früher konnte man frische Hefe nur beim Bäcker kaufen. Dieser hatte aber nur 500-g-Blöcke. Sie wurden in drei Scheiben geschnitten und diese in jeweils vier Teile zerlegt. Bei diesen rund 42 g pro Würfel ist es bis heute geblieben.

ARBEITSHEFT NAHRUNGSMITTEL & KÜCHENHYGIENE / BAND 1
Eine kleine Warenkunde – Bestell-Nr. 13 067
KOHL VERLAG

12 Die richtigen Backtriebmittel für ein gutes Backergebnis

Aufgabe 2: *Schreibe in dein Heft.*

a) *Ordne den Bildern ein passendes Backtriebmittel zu.*

b) *Welches sind die klassischen Weihnachtsgewürze?*

Wer spontan etwas backen möchte, sollte weitere Zutaten im Vorrat haben:

Um erprobte Kuchenrezepte abzuwandeln, brauchen wir nur einige haltbare Backzutaten im Vorratsschrank. Dazu gehören Vanillezucker, verschiedene Aromen (z. B. Rumaroma, Zitronenaroma), Schokoladenkuvertüre, Kakaopulver, Puddingpulver, Puderzucker und Dekomaterial. Je nach Geschmack bringen auch Kokosraspeln, Mandeln, Nüsse, Rosinen und andere Trockenfrüchte Abwechslung bei Kuchen und Keksen.

In Brot- und Brötchenteig sorgen Walnüsse, Haselnüsse, Mandeln, Mohn, Sesam, Leinsamen, Sonnenblumen- und Kürbiskerne oder Haferflocken für eine neue Variante. Mit Gewürzen bekommt jedes Brot eine ganz besondere Note. Klassische Brotgewürze sind Anis, Kümmel, Fenchel und Koriander. In fertigen Brotgewürzen ist bereits alles enthalten und man braucht nicht alle Gewürze in größeren Packungen kaufen.

Aufgabe 3: *Für Backpulver gibt es im Haushalt noch andere Einsatzmöglichkeiten. Es kann viele chemische Reinigungsmittel aus dem Putzschrank ersetzen. Informiere dich über die Verwendung von Backpulver im Haushalt.*

Wusstest du ... dass im 13. Jh. nur in Klöstern gepfefferter Lebkuchen, der „Pfefferkuchen" gebacken wurde? Pfeffer war damals der Sammelbegriff für alle Gewürze mit magenfreundlicher Wirkung. Gewürzt wurde mit Kardamom, Muskat, Zimt, Ingwer, Anis, Koriander, Nelken und schwarzem Pfeffer. Vom 16. bis ca. 19. Jahrhundert gab es einen eigenen Beruf, den Lebküchler. Diese stellten über lange Zeit, nach einem besonderen Rezept, Lebkuchen her, den es nur in ihrer Stadt gab. So entstanden Spezialitäten wie Nürnberger Lebkuchen, Aachener Printen, Braunschweiger Honigkuchen oder Baseler Läckerli.

ARBEITSHEFT NAHRUNGSMITTEL & KÜCHENHYGIENE / BAND 1
Eine kleine Warenkunde – Bestell-Nr. 13 067
KOHL VERLAG

13 Sauer macht lustig – aber auch einen guten Salat

Bereits alte Kulturvölker kannten Essig als Würzmittel, Erfrischungsgetränk und Konservierungsmittel. Die Basis für Essig ist eine alkoholische Flüssigkeit. Lässt man Wein stehen, wird er ohne weiteres Zutun sauer. Obenauf schwimmt irgendwann eine gallertartige Masse, die so genannte „Essigmutter". Das ist die „biologische Gärung". In der Luft befinden sich immer Essigbakterien, die sich auf dem Wein absetzen und den Alkohol in Essigsäure umwandeln. Dazu benötigen die Essigsäurebakterien nur Sauerstoff aus der Luft.

Weinessig wird ausschließlich aus roten oder weißen Weinen gemacht. Rotweinessig ist kräftiger und herber, als der deutlich mildere Weißweinessig.

Branntweinessig/Tafelessig wird aus Branntwein hergestellt. Ausgangsprodukte sind Getreide, Zuckerrüben oder Kartoffeln. Er hat wenig Aroma und eine ausgeprägte Säure. Gut zum Einlegen und Konservieren.

Sherry-Essig ist ein sehr aromatischer Feinkost- Essig aus spanischem Wein. Er hat eine intensive Würzkraft und sollte sparsam dosiert werden. Seine dunkle Farbe kommt durch die Lagerung in Holzfässern. Je dunkler der Farbton, desto länger ist er gereift und umso aromatischer ist der Geschmack.

Kräuteressig ist auf der Basis von Wein- oder Branntweinessig hergestellt. Es werden frische Kräuter oder Kräuterextrakte zugegeben.

Für **Bier- und Malzessig** ist die Basis Bier und Gerste, die geröstet und vergoren wird. Bei Malzessig wird die Maische pur weiterverarbeitet. Für Bieressig wird der Brauvorgang weitergeführt, also auch Hopfen zugefügt. Malzessig kennt man besonders in England (Fish and Chips) und in Skandinavien.

Fruchtessig/Obstessig wie z. B. Himbeeressig, wird im Gärverfahren aus einem alkoholischen Getränk (Himbeer-Cider) gewonnen. Oder er wird als aromatisierter Himbeeressig aus einem fertigen Essig und Himbeerpüree, bzw. Himbeeraroma produziert. Obstessig ist mild, mit einem fruchtig-säuerlichem Geschmack. Sehr beliebt ist der Apfelessig. Aber auch andere Früchte wie z. B. Quitte, Birne, Zwetschge, Johannisbeere, Mango oder Kirsche werden zu Fruchtessig verarbeitet.

Gemüseessig benötigt einen hohen Aufwand in der Herstellung, da Gemüse einen geringen Zuckeranteil hat. Die Sorten Karotte, Tomate, Rote Beete, Gurke und Spargel werden daher nur in kleinen Flaschen angeboten.

Für **Reisessig** wird der Reis zuerst zu Alkohol – Reiswein – vergoren. Dies ist ein klarer, milder Essig der z. B. für Sushi- Reis verwendet wird. Schwarzer Reisessig wird aus fermentiertem Reis, Weizen, Gerste oder Hülsenfrüchten hergestellt. Er ist dunkel und schmeckt durch den langsamen Fermentationsprozess recht mild, leicht süßlich und malzig.

Balsam-Essig ist der deutsche Begriff für den italienischen Essig „Balsamico". Hergestellt wird er aus Traubenmost. Da der Begriff Balsamico nicht geschützt ist, gibt es keine einheitlichen Qualitätskriterien. Aceto Balsamico Traditionale di Modena ist der echte Balsamico und reift min. 12 Jahre in Holzfässern, ist dickflüssig, leicht süßlich und hat einen geringen Säuregehalt. Der einfachere Aceto Balsamico di Modena muss 6-8 Wochen reifen.

Essigessenz ist ein hochkonzentrierter Essig mit 12,5-25 % Säure. Es ist kein Gärungsessig, sondern wird aus chemisch gewonnener Essigsäure hergestellt. Essigessenz darf nicht unverdünnt verwendet werden. Der Säuregehalt sollte auf 5-7 % reduziert werden. Genaue Angaben dafür sind auf der Flasche vermerkt.

KOHL VERLAG ARBEITSHEFT NAHRUNGSMITTEL & KÜCHENHYGIENE / BAND 1
Eine kleine Warenkunde – Bestell-Nr. 13 067

13 Sauer macht lustig – aber auch einen guten Salat

Aufgabe: *Mit wenigen Mittel könnt ihr Essig selber herstellen, ganz ohne Essigmutter.*

Himbeeressig: 100 ml Wein; 100 ml stilles Wasser; 50 ml Essigessenz; 100 g Himbeeren

Orangenessig: 1 Bio-Orangen; 100 ml stilles Wasser; 300 ml weißen Traubensaft (oder Weißwein); 100 ml Essigessenz

Knoblauchessig: 6 große Knoblauchzehen; 300 ml Roséwein; 100 ml stilles Wasser; 100 ml Essigessenz

Kräuteressig: 3 Zweige Basilikum; 3 Zweige Oregano; 2 Zweige Zitronenthymian; 3 Knoblauchzehen; 1 EL Senfkörner; 500 ml weißer Balsamico oder Weißweinessig

Wusstest du ... dass deine Haare mit einer Essigwasser-Spülung Glanz bekommen und sich leichter kämmen lassen? Nach der Haarwäsche ist die Schuppenschicht der Haare aufgeraut und spröde. Durch das Essigwasser wird die Schuppenschicht wieder geschlossen. Ganz nebenbei wird die Kopfhaut gepflegt und Schuppen verschwinden. Einfach 1-2 EL Apfelessig in ein Liter Wasser geben und über die Haare gießen. Ausspülen ist nicht nötig. Sobald die Haare trocken sind, ist der Geruch verflogen.

ARBEITSHEFT NAHRUNGSMITTEL & KÜCHENHYGIENE / BAND 1
Eine kleine Warenkunde – Bestell-Nr. 13 067

14 Auf den Tellern von Morgen

Die Weltbevölkerung ist mittlerweile auf über 8 Milliarden Menschen angewachsen. Um eine gesunde und nachhaltige Ernährung auch in Zukunft zu sichern, suchen Wissenschaftler nach Lösungen. Was bei vielen Menschen auf der Welt schon lange auf dem Teller landet, ist für uns noch recht gewöhnungsbedürftig. In Norwegen gibt es Algenfarmen, die weder Süßwasser, noch Dünger benötigen. Algensalate, Meeres-Spaghetti und Algenpesto schmecken gut und liefern viele Nährstoffe.

In China gelten Quallen als Delikatesse. Sie werden getrocknet zu Quallensalat oder Quallenchips verarbeitet. Man kann sie auch kochen, bis sie weich wie ein Fischfilet sind. Fast 2000 Insektenarten gelten als essbar. Für mehr als ¼ der Weltbevölkerung gehören Grillen, Mehlwürmer oder Heuschrecken ganz selbstverständlich auf den Speiseplan. Speiseinsekten dürfen seit einiger Zeit auch auf dem EU-Markt angeboten werden. Wir können z. B. Burger-Patties aus Mehlwürmern, Snackriegel mit Grillenmehl, frittierte Heuschrecken oder Mehlwurm-Pasta probieren.

Speiseinsekten liefern viel hochwertiges Eiweiß, Ballaststoffe, sowie wichtige Vitamine und Mineralstoffe. Die Zucht benötigt im Vergleich zur Fleischproduktion deutlich weniger Fläche und Wasser. In Kanada produzieren einzelne Betriebe bis zu 250 Tonnen Insekten täglich. Sie werden als Ganzes getrocknet, vermahlen oder zu einer Paste verarbeitet. Um auf den EU-Markt zu kommen, benötigen Speiseinsekten eine Zulassung. Die Novel-Food-Verordnung regelt, ob und wie neuartige Lebensmittel (Novel-Food) auf den Markt gebracht werden dürfen. Dazu zählen in Deutschland seit 2021 die Wanderheuschrecke, der Mehlwurm, die Hausgrille (Heimchen) und die Larven des Getreideschimmelkäfers (Buffalo-Wurm).

Seit 2021 darf gemahlene Wanderheuschrecke in verarbeiteten Kartoffelprodukten, Nudeln, Suppen, Salaten, Schokoladenerzeugnisse oder Wurstwaren enthalten sein. Seit Januar 2023 darf ein Pulver der Hausgrille in Mehrkornbrot- und Brötchen, Crackern, Getreideriegeln, trockenen Backmischungen, Keksen, trockenen Kartoffelerzeugnissen, Soßen, Pizzen, Suppenkonzentraten, Suppenpulver, Snacks auf Maismehlbasis, bierähnlichen Getränken, Schokoladenerzeugnissen und Fleischzubereitungen verarbeitet werden. Im Zutatenverzeichnis ist die Verwendung von Insekten und deren Bestandteile grundsätzlich anzugeben.

Seit Jahrzehnten wird der Farbstoff E 120 – „Echter Karmin" (gewonnen aus der Scharlachlaus) und das Trennmittel / Überzugsmittel E 904 – „Schellack" (harzige Ausscheidungen der Lackschildlaus) in der Lebensmittelproduktion eingesetzt. Hier ist keine allergische Reaktion zu befürchten. Anders ist das bei den neu zugelassenen Speiseinsekten. Bei empfindlichen Menschen kann es zu allergischen Reaktionen kommen. Wer auf Krebstiere oder Hausstaubmilben allergisch reagiert, sollte vorsichtig sein. Bei allen zugelassenen Lebensmitteln muss ein entsprechender Warnhinweis vorhanden sein.

ARBEITSHEFT NAHRUNGSMITTEL & KÜCHENHYGIENE / BAND 1
Eine kleine Warenkunde – Bestell-Nr. 13 067
KOHL VERLAG

14 Auf den Tellern von Morgen

Aufgabe 1: *Kannst du dir vorstellen Insekten zu essen? Schreibe deine Antwort auf und begründe sie.*

____

____

____

Aufgabe 2: *Starte eine Umfrage. Wie ist die Akzeptanz? Sind Speise-Insekten eine sinnvolle Alternative zu Rind und Co? Erstelle eine Pro- und Contraliste.*

Aufgabe 3: *Hast du andere Vorschläge, wie eine gesunde und nachhaltige Ernährung in Zukunft aussehen kann? Schreibe sie auf.*

____

____

____

Wusstest du … dass für die Produktion von 1 kg Insekten nur ein Zwölftel der Futtermenge und 1000 x weniger Wasser verbraucht wird, wie für die Produktion von 1 kg Rindfleisch? Und dass wir jährlich 80 – 200 Insekten verschlucken, ohne es zu merken?

15 Richtige Lagerung spart Geld

Nicht nur wegen schlechter Einkaufsplanung werden unnötig Lebensmittel weggeworfen. Auch durch falsche Lagerung verderben viele Lebensmittel.

Verpackungen schon im Supermarkt prüfen auf:

- Haltbarkeitsdatum
- Beschädigungen
- Schädlingsbefall
- Geöffnete Packungen in gut schließende Behälter umfüllen.
- Neue Vorräte nach hinten in den Vorratsschrank einräumen.
- Vorräte regelmäßig auf Schädlingsbefall überprüfen.

- Tiefkühlware – Gefrierfach ***
- Butter, Milch, Eier – Türe oberes Fach
- Senf, Soßen und Glaskonserven – Türe mittlere Fach
- Milch, Getränke – Türe unteres Fach
- Kuchen, zubereitete Speisen – oberstes Fach
- Milchprodukte, Käse, Feinkost – mittleres Fach
- Fleisch, Wurst, Fisch – unterstes Fach
- Salat, Obst, Gemüse – Gemüseschublade

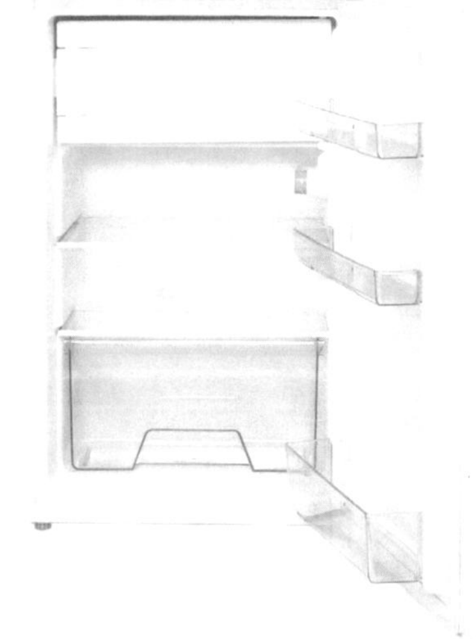

- Brot ohne Plastiktüte in einem Brotkasten lagern.

- Exotische Früchte, Zitrusfrüchte und Bananen nicht im Kühlschrank lagern.
- Obst und Gemüse getrennt aufbewahren. Viele Sorten sondern das Reifegas Ethylen ab. Es sorgt dafür, dass andere Obst- und Gemüsesorten schneller reifen und verderben.

ARBEITSHEFT NAHRUNGSMITTEL & KÜCHENHYGIENE / BAND 1
Eine kleine Warenkunde – Bestell-Nr. 13 067
KOHL VERLAG

15 Richtige Lagerung spart Geld

Mit **frischem Obst und Gemüse** versorgen wir uns mit lebenswichtigen Vitaminen und Mineralstoffen. Besonders dicht unter der Schale finden sich sehr viele Nährstoffe. Diese wertvollen Inhaltsstoffe sind aber empfindlich gegen Wärme, Wasser, Licht und Sauerstoff.

Aufgabe 1: *Du möchtest an einem Sommerabend noch schnell Gemüse kaufen. Auf deinem Weg gibt es einen Händler, der seine Ware gleich an der Straße aufgebaut hat. Im Supermarkt ist schon fast alles ausverkauft. Nur das Angebot an Tiefkühlgemüse ist sehr gut. Welche Entscheidung triffst du für deinen Einkauf? Begründe schriftlich.*

Aufgabe 2: *Überlege anhand von einem Rezept, z. B. Apfelkompott, wie du bei Einkauf, Lagerung und Zubereitung, möglichst viele Nährstoffe erhalten kannst. Notiere deine Überlegungen.*

Wusstest du … dass der Vitamin C-Gehalt von frischem Spinat, innerhalb von vier Tagen komplett verloren geht, wenn er bei Raumtemperatur gelagert wird? Im Kühlschrank gelagert, beträgt der Verlust nur etwa die Hälfte. Kurze Transportwege und richtige Lagerung tragen zur Nährstoffversorgung bei.

ARBEITSHEFT NAHRUNGSMITTEL & KÜCHENHYGIENE / BAND 1
Eine kleine Warenkunde – Bestell-Nr. 13 067
KOHL VERLAG

16 Die Küche – eine Wellness-Oase für Keime

Lebensmittelkeime, wie Bakterien und Viren, lieben Wärme, Sauerstoff und Feuchtigkeit. Die Wohlfühltemperatur liegt bei ca. 25 °C – 40 °C. Innerhalb dieses Temperaturbereichs ist die Vermehrungsrate vieler Keime am größten. Unter diesen Bedingungen entwickelt sich aus einem Keim, in 10 Stunden eine riesige Kolonie von ca. 536.870.912 Keimen. Lebensmittelinfektionen und Lebensmittelvergiftungen sind mögliche Folgen, denn in der Regel schmeckt man keine Veränderung.

Bis zu 80 % aller Infektionskrankheiten werden nach Angaben der WHO von Hand zu Hand übertragen. Bis zu fünf Mal pro Stunde greifen wir mit der Hand ins Gesicht. So gelangen die Erreger über die Schleimhäute ungehindert in den Körper. Auf jedem Quadratzentimeter der Handfläche befinden sich ca. 100 Keime. Niesen wir in die Hand, dann kommen gleich 100.000 dazu. Feinste Tröpfchen werden mit 150 km/h aus der Nase geschleudert. Erkältungsviren können min. 24 Stunden durch die Hände übertragen werden. Dass die persönliche Hygiene, auch besonders im Umgang mit Lebensmitteln, der beste Schutz vor Erkrankungen ist, wissen wir nicht erst seit Corona.

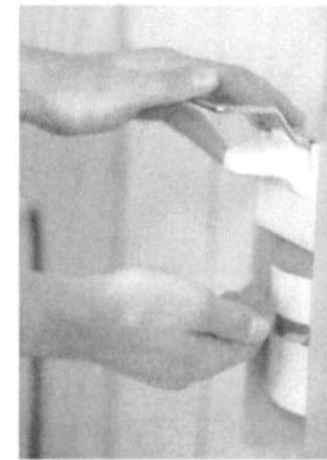
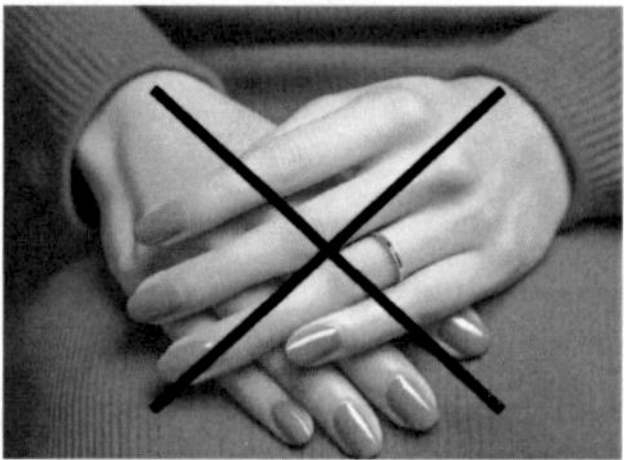

Aufgabe 1: *Ordne den aufgeführten Übertragungsbeispielen für Keime eine passende Hygieneempfehlung zu.*

1. Auch in den kleinsten Verletzungen an den Händen können sich eitererregende Mikroorganismen befinden. Daher …	… lange, offene Haare zusammenbinden, oder mit einem Haarreif nach hinten schieben.
2. An und unter Ringen befinden sich viele Keime, die beim einfachen Händewaschen nicht entfernt werden. Daher …	… regelmäßig die Handtücher wechseln. Wenn nötig Hände desinfizieren und in der Schule Papiertücher verwenden.
3. Die Toilette, aber auch der Wasserhahn und alle Türgriffe sind stark mit Keimen belastet. Daher …	… einen Seifenspender verwenden.
4. Handtücher für die Hände bieten ideale Bedingungen für Keime. Anhaftende Keime werden so verschleppt. Daher …	… sofort desinfizieren und wasserdicht abdecken. Wenn nötig einen Fingerschutz oder Handschuhe tragen.
5. Das Seifenstück bietet Keimen mit Feuchtigkeit und anhaftenden Partikeln gute Lebensbedingungen. Daher …	… immer in die Armbeuge Husten und Niesen. Das Taschentuch nach dem Naseputzen sofort entsorgen und die Hände waschen.
6. An unserer Kleidung haften Staub und andere Verschmutzungen, die an die Lebensmittel gelangen können. Daher …	… eine Nagelbürste verwenden, besonders wenn z. B. Teig mit den Händen geknetet werden soll. Mit Nagellack, Handschuhe tragen.
7. Beim Husten und Niesen werden viele Keime abgesondert. Daher …	… nach jedem Toilettengang die Hände gründlich mit Wasser und Seife waschen.
8. Haarschuppen und lose Haare sind nicht nur unappetitlich in Speisen, sie sind auch mit vielen Keimen behaftet. Daher …	… Ringe und weite Armbänder vor dem Händewaschen ablegen.
9. Schmutz unter den Fingernägeln lässt sich beim Händewaschen nicht entfernen. Auch Nagellack hat nur eine begrenzte Haltbarkeit. Daher …	… vor der Nahrungszubereitung eine Schürze umbinden.

ARBEITSHEFT NAHRUNGSMITTEL & KÜCHENHYGIENE / BAND 1
Eine kleine Warenkunde – Bestell-Nr. 13 067
KOHL VERLAG

16 Die Küche – eine Wellness-Oase für Keime

Aufgabe 2: *Es gibt auch nützliche Bakterien. Überlege, welche Aufgaben solche nützlichen Bakterien für uns Menschen und die Natur haben. Notiere deine Erkenntnisse.*

Wusstest du ... dass sich laut einer Studie der „London Scholl of Hygiene and Tropical Medicine", nur 32 % der Männer und 64 % der Frauen nach dem Toilettengang die Hände mit Wasser und Seife waschen? Grund genug, jedes Jahr am 15. Oktober den Welttag des Händewaschens stattfinden zu lassen.

16 Die Küche – eine Wellness-Oase für Keime

Auch wenn die Hände sauber sind, können sich bei der Küchenarbeit Mikroorganismen schnell über die ganze Küche ausbreiten. Handtücher, Geschirrtücher, Wischtücher, Arbeitsflächen und Arbeitsgeräte sind ideale Vermehrungsplätze für Bakterien, da sie hier beste Lebensbedingungen vorfinden. In den Kerben der Schneidebretter lagert sich Schmutz ab, der zu einem schwerwiegenden Hygieneproblem werden kann.

- Schneidebretter möglichst heiß mit einer Spülbürste säubern und aufrechtstehend trocknen lassen.
- Für Fleisch und Gemüse unterschiedliche Bretter verwenden.
- Abfälle während der Zubereitung in einer Abfallschale sammeln und zügig entsorgen.
- Arbeitsflächen und Küchenboden sauber halten.
- Küchen- und Arbeitsgeräte nach Gebrauch gründlich reinigen.
- Spüle, Ausguss und Kühlschrank regelmäßig säubern.
- Spültücher, Handtücher und Geschirrhandtücher regelmäßig wechseln.
- Spülen bei min. 65 °C in der Spülmaschine ist besser als mit der Hand zu spülen.
- Spülbürsten mit in der Spülmaschine reinigen und an der Luft trocknen lassen.
- Nur mit einem sauberen Probierlöffel abschmecken.

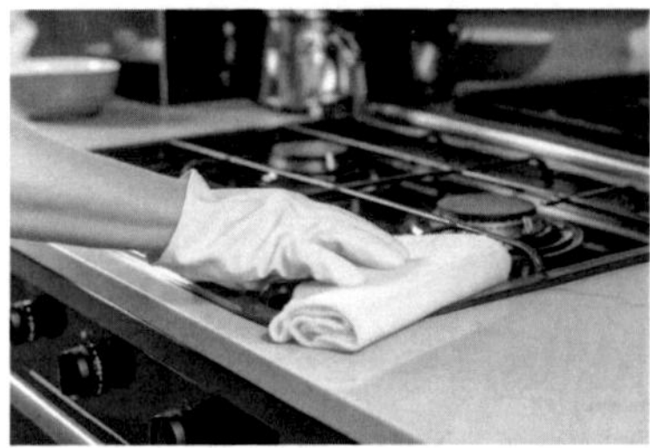
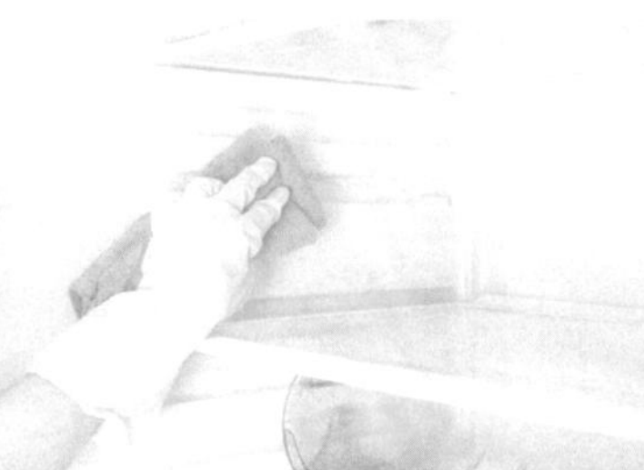

Auch die Lebensmittel selber können zu Problemen führen. So sind z. B. Keime in TK-Ware nur auf „Stand-by“. Sobald sie auftauen, vermehren sie sich rasant. Daher immer abgedeckt im Kühlschrank auftauen lassen. Das Übertragen von Krankheitserregern wie z. B. Salmonellen, ist vor allem bei Fleisch, Geflügel, rohen Eiern, Fisch und Meerestieren problematisch. Daher immer kühl lagern und das Verfallsdatum beachten. Hier sollte das Auftauwasser weggeschüttet werden. Schneidebretter und Arbeitsgeräte sofort heiß säubern und die Hände waschen. Im rohen Zustand sollten diese Lebensmittel nicht mit anderen Lebensmitteln in Berührung kommen. Erst bei einer Temperatur über 70 °C werden die Keime abgetötet.

- Gerichte mit rohen Eiern (Tiramisu, Mayonnaise) nur mit frischen Eiern zubereiten und am gleichen Tag essen.
- Reste rasch abkühlen lassen und abgedeckt im Kühlschrank lagern.
- Keine Speisen warmhalten. Rasch abkühlen lassen und bei Bedarf gut durcherhitzen.
- Schnittflächen (z. B. Gurke) abdecken.
- Angebrochene Gläser (z. B. Marmelade, Senf usw.) immer verschlossen im Kühlschrank lagern.
- Offene Konservendosen in Vorratsbehälter umfüllen.
- Kühlkette und Kühltemperatur beachten.
- Gemüse, Früchte und Salatblätter im Ganzen unter fließendem Wasser waschen und erst dann weiterverarbeiten.
- Stark verschmutzte Kartoffeln vor dem Schälen waschen.
- Lebensmittel vor Fliegen schützen.

ARBEITSHEFT NAHRUNGSMITTEL & KÜCHENHYGIENE / BAND 1
Eine kleine Warenkunde – Bestell-Nr. 13 067
KOHL VERLAG

16 Die Küche – eine Wellness-Oase für Keime

Aufgabe 3: *Was solltest du beachten, um die Keimbelastung von Speisen möglichst gering zu halten. Beschreibe den Weg vom Supermarkt bis zur fertigen Speise.*

Aufgabe 4: *Informiere dich über mögliche Anzeichen einer Lebensmittelinfektion/ Lebensmittelvergiftung. Notiere deine Ergebnisse.*

Wusstest du … dass die Gerbsäure in Kiefern-, Buchen-, Ahorn- und Fichtenholzbrettern eine antibakterielle Wirkung haben? Sie sorgen dafür, dass sich Keime nicht so schnell auf dem Holz ansiedeln. Eine sorgfältige Reinigung ersetzen sie aber nicht! Dieser Effekt hält jedoch nur eine begrenzte Zeit, daher die Schneidebretter öfter austauschen. Schneidebretter aus Glas oder Stein bekommen zwar nicht zu schnell Kerben, verursachen aber stumpfe Küchenmesser.

17 Ideen und Rezepte für ein Frühstücksbuffet

Müsli-Theke

- Milch, Joghurt, Dickmilch, Buttermilch, Orangensaft
- frisches Obst nach Jahreszeit – Erdbeeren, Heidelbeeren, Himbeeren, Brombeeren, Bananen, Äpfel, Birnen, Kiwis, Mangos, Aprikosen, Nektarinen, Melonen, Weintrauben, Kakis
- Trockenfrüchte – Rosinen, Aprikosen, Erdbeeren, Bananenchips, Cranberrys, Kokosflocken
- Müslizutaten – Chiasamen, gepuffter Amaranth oder Quinoa, Haferflocken, Dinkelflocken, Hirseflocken, Cornflakes ohne Zucker, gehackte Haselnüsse, Mandelstifte, Mandelblätter, ganze Nüsse oder Mandeln, Walnüsse, Cashewkerne, Sonnenblumenkerne, Erdnüsse ohne Salz, Kürbiskerne

Knuspermüsli

- 3 EL Sonnenblumenöl
- 3 EL flüssiger Honig
- 200 g kernige Haferflocken
- 50 g Sonnenblumenkerne
- 50 g gehackte Haselnüsse
- 50 g Mandelstifte
- 50 g Kokosflocken
- 2 Messerspitzen Zimt, 1 Vanillezucker
- 100 g Rosinen

Honig und Öl in einer Pfanne erhitzen. Haferflocken, Sonnenblumenkerne, Haselnüsse und Mandeln dazu geben und unter Rühren, bei mittlerer Temperatur rösten. Die Kokosflocken, Zimt und Vanillezucker dazu geben und kurz weiter rösten. Je nach Geschmack die Rosinen dazu geben und 5 Minuten unter Rühren weiter rösten. Abgekühlt in eine Dose füllen. Vor dem Öffnen kurz durchschütteln, damit das Müsli nicht aneinanderklebt.

Brottheke

- Vollkornbrot, Vollkorntoast, Pumpernickel

Müslibrot/Brötchen

- 125 g Weizenvollkornmehl
- 100 g Weizenschrot
- 1 Tüte Trockenhefe
- ½ TL Salz
- 1 EL Birnendicksaft
- 150 ml lauwarme Buttermilch
- 20 g Backpflaumen
- 20 g getrocknete Aprikosen
- 20 g gemahlene Haselnüsse
- etwas Milch, Sonnenblumenkerne

Mehl, Hefe Salz, Birnendicksaft und Buttermilch mit dem Mixer gut vermengen und ca. 15 Minuten ruhen lassen.
Die Trockenfrüchte in kleine Stücke schneiden und mit den Nüssen zum Teig geben. In eine gefettete Backform geben, oder zu kleinen Brötchen geformt auf Backpapier setzen. Mit Milch bepinseln und mit Sonnenblumenkernen bestreuen. Erneut ca. 15 Minuten gehen lassen. Bei 170 °C ca. 30 Minuten backen.

Zwiebelbrot

- 500 g Vollkornmehl
- 300 – 400 ml Malzbier
- 1 TL Salz
- 1 Päckchen Backpulver
- Röstzwiebeln oder Sonnenblumenkerne

Alle Zutaten mit dem Mixer gut verrühren. Den Teig in eine gefettete Backform geben. Mit etwas Wasser bepinseln, mit Sonnenblumenkernen bestreuen und bei 180 °C ca. 40 Minuten backen. Schmeckt am besten ganz frisch.

17 Ideen und Rezepte für ein Frühstücksbuffet

Kürbisbrot

- 300 g Hokkaido- Kürbis
- 2 EL Wasser
- 75 g Butter oder Margarine
- 500 g Vollkornmehl
- 1 Tüte Trockenhefe
- 1 TL Salz
- 90 g Zucker
- 1 Ei
- etwas Milch, Kürbiskerne

Den Kürbis waschen, schadhafte Stellen der Schale abschneiden und die Kerne entfernen. Hokkaido muss nicht geschält werden. Jetzt 300 g abwiegen. Mit dem Wasser kochen und anschließend pürieren und abkühlen lassen. Butter, Mehl, Hefe, Salz, Zucker und das Ei mit einem Mixer unter das Kürbispüree mischen. In eine gefettete Kastenform füllen. Mit Milch einpinseln und mit Kürbiskernen bestreuen. Bei 200 °C ca. 30-40 Minuten backen.

Knäckebrot

- 120 g Dinkelmehl
- 120 g Haferflocken
- 200 g gemischte Samen (Sesam, Leinsamen, Mohn, Kürbis- oder Sonnenblumenkerne)
- ½ TL Salz
- 2 EL Öl
- 500 ml Wasser

Alle Zutaten zu einem glatten Teig verarbeiten. Auf 2 gefettete Backbleche (je nach Größe der Bleche) streichen, aber nicht ganz bis zum Rand. Bei 170 °C (Umluft) 15 Minuten backen. Dann mit einem Pizzaschneider oder Messer schneiden und weitere 45 Minuten fertig backen.

Quarkbrötchen

- 500 g Magerquark
- 2 Eier
- 2 TL Öl
- 2 TL Zucker, etwas Salz
- 500 g Weizenvollkornmehl
- 2 Tüten Backpulver
- 1 Eigelb, Sonnenblumenkerne

Quark, Eier, Öl, Zucker, Salz, Mehl und Backpulver zu einem glatten Teig verarbeiten. Ein Backblech mit Backpapier auslegen. Mit bemehlten Händen 15 Brötchen formen. Mit Eigelb bepinseln und mit Sonnenblumenkernen bestreuen. In den heißen Ofen schieben und bei 200 °C rund 20 Minuten backen.

Kartoffelbrot/Brötchen

- 350 g gekochte Kartoffeln
- 200 g Dinkelmehl
- 300 g Weizenmehl
- 1 Tüte Trockenhefe
- 1 TL Salz
- 140 ml Wasser
- 1 EL Öl
- 500 ml Mineralwasser ohne Kohlensäure

Die Kartoffeln durch eine Kartoffelpresse drücken. Alle Zutaten zu den Kartoffeln geben und mit dem Mixer gut durchkneten. Den Teig 15 Minuten gehen lassen. 12 Brötchen (oder einen Brotlaib) formen, auf ein mit Backpapier ausgelegtes Backblech legen und mit einem Messer einmal einschneiden. 30 Minuten gehen lassen, den Ofen auf 190 °C vorheizen und eine feuerfeste Tasse dazustellen. Die Brötchen einschieben und die Tasse nun mit Wasser füllen, sodass sich Dampf bildet. 40 Minuten bei 190 °C backen.

ARBEITSHEFT NAHRUNGSMITTEL & KÜCHENHYGIENE / BAND 1
Eine kleine Warenkunde – Bestell-Nr. 13 067
KOHL VERLAG

17 Ideen und Rezepte für ein Frühstücksbuffet

Glutenfreies Brot

- 500 g Buchweizenmehl
- 1 Päckchen Weinsteinbackpulver
- 2TL Salz
- 2 EL Brotgewürz (Anis, Fenchel, Koriander)
- 4 EL Sesam, 6 EL Kürbiskerne
- 2 EL Sonnenblumenkerne,
- 3 EL Leinsamen
- 1 EL Chiasamen, 1 EL Flohsamenschalen
- 500 ml Mineralwasser ohne Kohlensäure

Alle Zutaten mit dem Mineralwasser vorsichtig zu einem geschmeidigen Teig durchkneten. Auf ein mit Backpapier ausgelegtes Backblech, oder in eine Backform geben. Bei 180 °C (Heißluft) 60 Minuten backen.

Brotbelag

- Butter, Margarine, Magerquark, Frischkäse, Kräuterfrischkäse, Meerrettichfrischkäse
- Gurken, Tomaten, Möhren, bunte Paprika, Kohlrabi, Radieschen
- Kresse, Schnittlauchröllchen, Lauchzwiebelröllchen, Eierscheiben, Mozzarella-Scheiben
- Camembert, verschiedene Schnittkäsesorten, Marmelade, Honig

Erdbeermarmelade

- 200 g reife Erdbeeren
- Saft von einer Zitrone
- 1 TL Flohsamenschalenpulver

Die Erdbeeren würfeln und in einem Topf 5 Minuten köcheln lassen. Den Zitronensaft und das Flohsamenschalenpulver einrühren und ca. 1 Minute köcheln lassen, bis die Masse eindickt.

Getränke

- Mineralwasser, Fruchtsäfte, Kräutertee und Früchtetee (Teebeutel oder lose), Zitronensaft

Brotaufstriche und Dipps für Gemüse

Hummus

- 2 große Dosen Kichererbsen
- 8 Knoblauchzehen
- 3 EL Sesampaste (Tahini)
- 1 TL Salz
- 75 ml Zitronensaft
- 1 TL Chilipulver
- 1 TL Kreuzkümmel gemahlen
- 1 TL Paprika edelsüß
- 150 ml Olivenöl
- 1 EL frische Petersilie

Die Kichererbsen abgießen, die Flüssigkeit auffangen. Den Knoblauch schälen, grob schneiden und zusammen mit den Gewürzen pürieren.

Die abgetropften Kichererbsen und das Olivenöl dazu und zu einer feinen Masse pürieren. Sollte die Mischung zu dick sein, etwas Erbsenflüssigkeit dazugeben.
Die Petersilie fein schneiden und untermischen.

Avocadomus

- 1 Bund Frühlingszwiebeln
- 2 reife Avocados
- 2 EL Zitronensaft
- Salz, Pfeffer

Die Frühlingszwiebeln waschen und in kleine Röllchen schneiden. Die Avocados rundherum einschneiden, auseinander drehen und den Kern entfernen. Das Fruchtfleisch mit einem Löffel aus der Schale löffeln und alle Zutaten pürieren.

17 Ideen und Rezepte für ein Frühstücksbuffet

Dattelcreme
- 125 g getrocknete Datteln ohne Kern
- 1 Knoblauchzehe
- 100 g Frischkäse
- 100 g Schmand
- ½ TL Salz, etwas Pfeffer
- ½ TL Curry
- ½ TL Kreuzkümmel

Die Datteln klein schneiden, den Knoblauch schälen und grob schneiden. Dattel, Knoblauch, Frischkäse und Schmand zusammen in einem hohen Gefäß pürieren. Die Gewürze dazu geben und abschmecken.

Radieschencreme
- 200 g Frischkäse
- etwas Milch
- 10 Radieschen
- Salz, Pfeffer
- 1 Beet Kresse

Den Frischkäse mit Milch glattrühren. Die Radieschen waschen und möglichst klein schneiden. Mit Salz und Pfeffer abschmecken. Die Kresse mit der Schere über dem Vlies abschneiden und untermischen.

Currycreme mit Mango
- 200 g Frischkäse
- 2 EL Joghurt
- 1 Mango
- 2 EL Curry
- 1 Prise Chili, Salz

Den Frischkäse mit dem Joghurt glattrühren. Mit den Gewürzen abschmecken. Die Mango waschen, schälen und vorsichtig um den Kern herum abschneiden. Das Fruchtfleisch in kleine Würfel schneiden und unter den Frischkäse heben.

Bayrischer Kartoffelkäse
- 400-500 g mehlig kochende Kartoffeln
- Salz, Pfeffer, Muskat, Paprika edelsüß
- gemahlener Kümmel
- 1 Zwiebel
- Petersilie, Schnittlauch
- 100 ml Sahne
- 200 g saure Sahne

Die Kartoffeln kochen und durch eine Kartoffelpresse drücken. Die Zwiebel schälen und ganz fein schneiden. Petersilie und Schnittlauch waschen und klein scheiden. Die abgekühlten Kartoffeln mit Sahne und saurer Sahne glattrühren. Die Zwiebel und die Gewürze unterrühren.

Joghurt-Eis
- 300 g TK-Beerenmischung
- 500 g griechischer Joghurt
- 2 El Puderzucker oder Honig
- 1 Vanillezucker

Alle Zutaten pürieren und sofort verzehren. Die Masse lässt sich aber auch gut in Eisförmchen füllen die bis zum Verzehr eingefroren werden.

Quarkspeise
- 500 g Magerquark
- 400-500 g frisches Obst nach Jahreszeit
- 150 ml Milch
- Zucker nach Bedarf

Den Quark mit der Milch glattrühren. Das Obst waschen und wenn möglich mit der Schale klein schneiden. Werden reife Früchte verwendet, kann auf den Zusatz von Zucker verzichtet werden.

17 Ideen und Rezepte für ein Frühstücksbuffet

Beeren- Smoothie

- 1 Banane
- 100 g TK-Beerenmischung
- 2 Vanillezucker
- 10 ml Milch
- 100 g Naturjoghurt

Die Bananen kleinschneiden und für ca. 3 Stunden einfrieren. Anschließend die Bananenstücke mit den Tiefkühlbeeren, Vanillezucker, Milch und Joghurt fein pürieren. Je nach Geschmack kann man noch 2 TL löslichen Kaffee dazugeben.

Müsli-Muffins

- 165 g Dinkelmehl
- 3 TL Backpulver
- 2 Eier (Größe M)
- 75 g Zucker
- 75 g Butter
- 100 ml Buttermilch
- 1 Prise Salz
- 140 g Müsli ohne Zuckerzusatz
- 125 g Kulturheidelbeeren
- Haferflocken

Mehl und Backpulver mischen. Die Eier mit dem Zucker schaumig schlagen. Butter etwas erwärmen und leicht abkühlen lassen, die Buttermilch unterrühren, mit dem Mehl, den Eiern und dem Salz zu einem glatten Teig verarbeiten. Papierförmchen in ein Muffinblech legen. Das Müsli und die Heidelbeeren unter den Teig geben und in die Formen füllen. Im vorgeheizten Ofen bei 180 °C. 20 – 25 Minuten backen. Nach 15 Minuten Backzeit Haferflocken über den Teig streuen.

Apfel-Zimt-Muffins

- 250 g Äpfel
- 2 EL Zitronensaft
- 250 g Mehl
- 2 TL Backpulver
- ½ TL Natron
- 1 Ei
- 125 g Zucker, 1 Vanillezucker
- 1 Messerspitze Zimt
- 80 ml Pflanzenöl
- 250 g Naturjoghurt

Äpfel dünn schälen und in kleine Stücke schneiden und mit Zitronensaft mischen. Den Ofen auf 180 °C vorheizen. Das Muffinblech mit Papierförmchen auslegen. Mehl, Backpulver und Natron mischen. Das Ei mit dem Mixer verquirlen, anschließend mit allen anderen Zutaten zur Mehlmischung geben. Den Teig in die Formen füllen. Ca. 30 Minuten backen. Mit Puderzucker bestreuen.

Bananenbrot

- 3 reife Bananen
- 2 Eier
- 150 g Apfelmus (ohne Zucker)
- 2 EL Olivenöl
- 1 Prise Salz
- 150 g Weizenvollkornmehl
- 100 g Dinkelvollkornmehl
- 1 TL Zimt
- 1 Päckchen Backpulver
- 100 g Walnüsse

Den Ofen auf 170 °C vorheizen. Die Bananen mit einer Gabel fein zerdrücken, die Eier dazu und verquirlen. Apfelmus, Öl und Salz unterrühren. Beide Mehlsorten mit Zimt und Backpulver mischen und unter die Bananenmasse rühren. Walnüsse hacken und unter den Teig heben. In eine gefettete Backform füllen und ca. 45 Minuten backen.

18 Hintergrundinformationen und Lösungsvorschläge

1. Was ist Obst, was ist Gemüse?

Aufgabe 1:

Fruchtgemüse	Hülsenfrüchte	Wurzel- und Knollengemüse	Kohlgemüse
Aubergine Gemüsepaprika Gemüsemais Gurken Tomaten Kürbisse Melonen Zucchini	Bohnen Linsen Erbsen Kichererbsen Erdnüsse	Kartoffeln Knollensellerie Möhren - Karotten Pastinaken Rote Bete Radieschen Schwarzwurzeln Speiserüben Topinambur	Blumenkohl Brokkoli Chinakohl Grünkohl Kohlrabi Rosenkohl Rotkohl Spitzkohl Weißkohl Wirsing
Zwiebelgemüse	**Blattgemüse**	**Stängel- und Sprossgemüse**	**Blütengemüse**
Lauchzwiebeln Fenchel Zwiebeln Knoblauch Lauch / Porree Schalotten	Chicoree Eisbergsalat Feldsalat Kopfsalat Lollo Blonda Lollo Rosso Radicchio Romanasalat Spinat	Mangold Rhabarber Spargel	Artischocke

Aufgabe 2:

Kernobst	Steinobst	Beerenobst	Schalenobst / Samen
Äpfel Birnen Quitten	Pflaumen Kirschen (süß + sauer) Mirabellen Pfirsiche, Nektarinen Aprikosen	Brombeeren Himbeeren Erdbeeren Johannisbeeren Sanddorn Heidelbeeren Preiselbeeren Stachelbeeren Holunderbeeren Weintrauben	Cashewnüsse Edelkastanien Haselnüsse Kokosnüsse Macadamia Paranüsse Pekannüsse Pinienkerne Pistazien Walnüsse Mandeln
Südfrüchte	**exotische Früchte**		**wie Obst verwendetes Gemüse**
Ananas Bananen Drachenfrucht Limetten Mandarinen Orangen Grapefruit Zitrone Pomelo	Acerola Brotfrucht Feigen Guave Johannisbrot Kaktusfeige Kochbanane Mango Papaya Passionsfrucht	Avocado Datteln Granatapfel Jackfrucht Kaki Kiwi Litschi Maracuja Physalis Sternfrucht	versch. Melonensorten Rhabarber

ARBEITSHEFT NAHRUNGSMITTEL & KÜCHENHYGIENE / BAND 1
Eine kleine Warenkunde – Bestell-Nr. 13 067
KOHL VERLAG

18 Hintergrundinformationen und Lösungsvorschläge

Zusatzinfos:

Achtung! Was du niemals roh essen solltest!

Kartoffeln – die Stärke ist roh unverdaulich und verursacht Verdauungsbeschwerden. In grünen Stellen und an Keimstellen (wie auch in unreifen Tomaten) ist Solanin enthalten. Diese Stellen müssen entfernt werden. Solanin schädigt die Nerven und führt zu Erbrechen, Krämpfen oder Durchfall. Solanin geht ins Kochwasser über, es sollte daher nicht weiterverwendet werden. Unreife Tomaten reifen innerhalb weniger Tage nach und können dann bedenkenlos verwendet werden.

Bohnen, roh – das enthalte Phasin bewirkt ein Zusammenklumpen der roten Blutkörperchen und schränkt den Sauerstofftransport im Blut ein. Es kommt zu Kopfschmerzen, Übelkeit oder Durchfall. Nach 15 Minuten Kochzeit ist das Phasin zerstört. Beim Keimen von Hülsenfrüchten wird Phasin teilweise abgebaut. Keimlinge aus Soja und Kichererbsen eine halbe Minute blanchieren. Keimlinge von Linsen und Mungobohnen (Mungbohnen) enthalten kein Phasin. Keimlinge von Gartenbohnen sind nicht essbar!

Aubergine – enthält ebenso wie grüne Stellen an Kartoffeln - Solanin. Durch Braten oder Grillen wird der Giftstoff zerstört und der Geschmack verbessert. In modernen Züchtungen findet sich inzwischen kaum mehr Solanin.

Hülsenfrüchte – enthalten giftige Eiweißverbindungen und Blausäure. Nur Erbsen enthalten keine Giftstoffe und dürfen roh gegessen werden. Durch das Einweichen und Kochen werden schädliche Inhaltsstoffe herausgelöst und zerstört. Das Einweichwasser sollte nicht verwendet werden. Erbrechen, Durchfall, Wassereinlagerungen und das Zusammenklumpen von roten Blutkörperchen sind mögliche Folgen. Blausäure blockiert die innere Atmung des Körpers.

Wildpilze – grundsätzlich durchbraten, nur Zuchtpilze wie Champignons, Austernpilze oder Shiitake dürfen auch roh gegessen werden. Sind aber evtl. schwer verdaulich.

Rhabarber – enthält Oxalsäure und kann Kalzium aus der Zahnoberfläche lösen (stumpfes Gefühl an den Zähnen) oder Nierensteine begünstigen. Die Bioverfügbarkeit von Mineralstoffen, besonders von Kalzium, Magnesium und Eisen, wird durch Oxalsäure verringert. Patienten mit Nierenerkrankungen sollten oxalhaltige Lebensmittel meiden.
Oxalsäure befindet sich größtenteils in den Randschichten. Zu Beginn der Saison ist der Gehalt geringer. Grüne Sorten sollten geschält werden. Rotfleischige Sorten enthalten weniger Oxalsäure und müssen nicht geschält werden. Zusammen mit kalziumreichen Lebensmitteln (Vanillesoße, Milchreis) gegessen, wird die Oxalsäure gebunden. (Auch Spinat und Mangold enthalten Oxalsäure, die mit etwas Sahne oder Frischkäse gebunden werden kann.)

Zucchini mit bitterem Geschmack – Für den Anbau im Garten oder auf dem Balkon, sollte man auf gekaufte Samen oder Pflanzen zurückgreifen. Durch die Züchtung ist der Giftstoff kaum noch enthalten. Bei selbst gewonnenem Samen ist das jedoch anders. Hier kann es passieren, dass sich das Gift wieder in den Früchten bildet. Zucchini und Zierkürbisse sollten nicht nebeneinander angepflanzt werden. Wie Gurken und Melonen, gehören Zucchini zu den Kürbisgewächsen. Durch neue Züchtungen produzieren die Pflanzen keine giftigen Bitterstoffe mehr. Zierkürbisse enthalten den Giftstoff noch. Durch die Bestäubung kann es passieren, dass die Zucchini, den Giftstoff wieder bildet. Stellt man einen bitteren Geschmack fest, weder roh noch gegart essen! Es kann zu Übelkeit, Erbrechen oder Durchfall kommen. Sehr hohe Dosen können tödlich sein.

Holunderbeeren – rohe Beeren enthalten den Giftstoff Sambunigrin, der zu starken Verdauungsstörungen wie Erbrechen, Durchfall und Schüttelfrost führt. Holunderbeeren müssen für kurze Zeit auf über 80 °C erhitzt werden, um alle unbekömmlichen Stoffe unschädlich zu machen. Nur voll ausgereifte Holunderbeeren ernten.

Quitten – heimische Sorten enthalten sehr viele Bitterstoffe, sodass sie roh ungenießbar sind. Gerbstoffe verursachen ein pelziges Gefühl im Mund. Die Kerne enthalten Blausäure und sollten unbedingt entfernt werden. Der bittere oder saure Geschmack verschwindet erst durch Hitze. Südeuropäische Sorten sind zum Teil auch roh genießbar.

18 Hintergrundinformationen und Lösungsvorschläge

2. Hülsenfrüchte – gesunde Powerpakete

Aufgabe:

1.					S	**P**	R	O	S	S	E	N
2.						**H**	U	M	M	U	S	
3.			S	O	J	**A**	B	O	H	N	E	N
4.			K	O	N	**S**	E	R	V	E	N	
5.					E	**I**	W	E	I	S	S	
6.	E	R	B	S	E	**N**						

Zusatzinfos:

Hülsenfrüchte, mit Ausnahme von Erbsen, sollten grundsätzlich nicht roh gegessen werden. Das gilt auch für frische Wachs-, Schnitt-, Kenia-, grüne Garten- und Prinzessbohnen. Der darin enthaltene Giftstoff Phasin ist nach 15 Minuten Kochzeit zerstört.

Hülsenfrüchte werden als Eiweißlieferant in vielen Produkten verwendet. Immer mehr Brotaufstriche, Knabberartikel, Backwaren und Pflanzendrinks findet man im Angebot. Auch reisähnliche Produkte, Nudeln und Couscous gibt es bereits aus Hülsenfrüchten. Nudeln aus Linsen, Erbsen oder Kichererbsen sind schneller gar, enthalten mehr Protein und weniger Kohlenhydrate als Hartweizennudeln. Der Proteingehalt in Couscous aus Kichererbsen ist fast doppelt so hoch wie in der Hartweizenvariante. Die Ackerbohne, auch „Dicke Bohne" genannt, wird als Brotzutat eingesetzt. Der Proteingehalt wird so höher und das Brot saftiger.

Bei Chips, z. B. aus Linsenmehl, sollte man trotzdem den Fett- und Salzgehalt beachten. Pflanzendrinks enthalten jedoch nicht das wichtige Kalzium, welches in Milchprodukten enthalten ist.

Lupinen
Schon die alten Ägypter haben Lupinen wie Getreide verarbeitet. Die Nährwerte der Süßlupinenkerne überzeugen. Das Protein enthält fast alle Aminosäuren, die der Körper benötigt. Kombiniert mit Getreide, erhöht sich die Protein-Wertigkeit noch. B-Vitamine sowie Mineralstoffe wie Kalzium, Kalium und Eisen sind ebenfalls enthalten. Außerdem sind sie fettarm. Für Menschen mit Glutenunverträglichkeit ist Lupinenmehl eine gute Alternative. Lupinenkerne werden zu Mehl, Flocken oder Schrot verarbeitet. Auch Lupinen-Kaffee, Lupinen-Eis, Lupinen-Filet, Bratlinge, Würstchen, Lupinen-Joghurt und -milch gibt es. Lupineneiweiß eignet sich auch als Fettersatz. So kann aus einer Praline mit 40 Kalorien eine fettarme mit 8 Kalorien werden. Es transportiert zwar keine Geschmacksstoffe wie echtes Fett, hat aber eine ähnliche Konsistenz. Das Mundgefühl ist so cremig, wie man es von fettreichen Lebensmitteln kennt.

3. Kartoffeln – Auswahl nach Verwendungszweck

Aufgabe 1:

fest kochende Sorten	vorwiegend fest kochende Sorten	Mehlig kochende Sorten
Salz-, Pell- und Bratkartoffeln, Puffer, Röstis, Kartoffelsalat, Gratin, Chips	Salz-, Pell-, Brat- und Grillkartoffeln, Eintöpfe, Suppen, Aufläufe, Puffer, Gnocchis, Pommes frites, Rösti	Suppen, Eintöpfe, Püree, Kroketten, Klöße, Schupfnudeln

Hintergrundinformationen und Lösungsvorschläge

3. Kartoffeln – Auswahl nach Verwendungszweck

Aufgabe 2:

Stärke aus Kartoffeln extrahieren:

Du brauchst:
etwa 100 g Kartoffeln, Kartoffelschäler, Kartoffelreibe, Küchensieb, 2 Glasschüsseln, Löffel, Wasser, Messbecher, Küchenhandtuch

So geht's:
Schäle die Kartoffeln und reibe sie auf der Reibe in eine Schüssel. Vermische den Kartoffelbrei mit 150 ml Wasser. Lege das Küchentuch in das Sieb und gieße den angerührten Brei über der zweiten Schüssel ab. Den Brei im Tuch auspressen, noch einmal mit 100 ml Wasser vermischen und wieder durch das Tuch in die Schüssel pressen.

Was passiert?
In der Schüssel trennt sich nach ein paar Minuten der Kartoffelpresssaft von der Stärke. Da die Stärke schwerer ist, sammelt sie sich am Boden. Gießt man die Flüssigkeit vorsichtig ab, kann man die Stärke an einem warmen Ort trocknen lassen. Diese Stärke ist als Bindemittel zu verwenden. (Die Kartoffelraspeln mit Salz und einem Ei mischen und als Rösti ausbacken.)

Zusatzinfos:

Die Einführung der Kartoffel vor rund 400 Jahren war schwierig. Bei den meisten damals bekannten Pflanzen gehen die essbaren Früchte aus den Blüten hervor. Auch die Kartoffel bildet nach der Blüte kirschgroße grüne Früchte, doch der Verzehr verursacht Bauchschmerzen, Schweißausbrüche und Atemnot. Vermutlich probierten die Bauern zunächst diese ungenießbaren Früchte. Auch die rohen Knollen schmeckten ihnen nicht. Sogar die Hunde wollten sie nicht fressen. Bis heute kennt man das Sprichwort: „Was der Bauer nicht kennt, frisst er nicht." Da griff der Preußenkönig zu einer List. Er ließ ein Kartoffelfeld von Soldaten bewachen. „Was bewacht wird, muss wertvoll sein", sagten sich die Bauern. Die Soldaten stellten sich schlafend und die Bauern stahlen einige Kartoffeln aus dem Acker. Da merkten sie, dass die Knollen gekocht doch recht gut schmeckten. So konnten zukünftig Hungersnöte abgewendet werden. Angeblich sollen die Kartoffelzüchter die Kartoffelsorten nach ihren Töchtern benannt haben. Daher haben die meisten Kartoffelsorten einen Frauennamen.

Die Kartoffel gehört wie auch Tomaten, Paprika und Aubergine, zu den Nachtschattengewächsen. Werden sie zu hell gelagert, werden sie grün. Diese grünen Stellen müssen großzügig entfernt werden. Hier ist, wie auch in Keimstellen, der Giftstoff Solanin enthalten. Ist die Lagertemperatur zu hoch, beginnen die Kartoffel auszukeimen. Ist die Temperatur zu niedrig, wandelt sich die Stärke in Zucker um. Das lässt die Kartoffel dann unangenehm süß schmecken. Kartoffeln lassen sich am besten an einem dunklen und kühlen Ort zwischen 5 °C und 10 °C lagern, aber nicht im Kühlschrank. Daher immer nur so viele Kartoffeln kaufen, wie es die Lagermöglichkeiten erlauben.

Werden **Chips** selbst zubereitet, sind sie deutlich kalorienärmer. Dafür geschälte Kartoffeln mit einem Gemüsehobel in dünne Scheiben schneiden. Auf einem Backblech ausbreiten, dünn mit Öl einpinseln und im Backofen garen. Anschließend mit Salz oder Paprikapulver würzen. Das geht auch sehr gut mit Möhren, Rote Beete, Zucchini oder Süßkartoffeln. Letztere sind übrigens nicht mit den Kartoffeln verwandt. Sie können aber wie Kartoffeln verwendet werden.
An der Universität Erlangen-Nürnberg hat man festgestellt, warum man die Chips- Tüte erst wieder aus der Hand legt, wenn sie leer ist. Das spezielle Verhältnis von Fett und Kohlenhydraten aktiviert im sogenannten Belohnungszentrum unseres Gehirns eine bestimmte Region, die für das Suchtverhalten zuständig ist.

ARBEITSHEFT NAHRUNGSMITTEL & KÜCHENHYGIENE / BAND 1
Eine kleine Warenkunde – Bestell-Nr. 13 067
KOHL VERLAG

Hintergrundinformationen und Lösungsvorschläge

4. Getreide – der wichtigste Grundstoff für Lebensmittel

Aufgabe 1:

Ballaststoffe quellen stark auf und nehmen sehr viel Flüssigkeit auf. Im ersten Glas ist der Inhalt hart und fest. Im zweiten Glas ist eine weiche Masse mit großem Volumen entstanden.

Aufgabe 2:

Die positive Wirkung der Ballaststoffe beginnt bereits im Mund. Sie müssen intensiver gekaut werden, wodurch die Speichelproduktion angeregt wird. Das Zahnfleisch wird massiert und bakterielle Säuren werden neutralisiert und die Zähne sind besser geschützt. Mehr Speichel sorgt für eine bessere Verdauung des Speisebreis. Da Ballaststoffe Wasser binden, ist das Volumen des Speisebreis im Magen erhöht und das Sättigungsgefühl hält länger an, denn die Magenentleerung verläuft langsamer. Auf diese Weise wird Überernährung vorgebeugt.

Im Dünndarm führt das große Volumen zu einer langsameren Resorption der Inhaltsstoffe und der Blutzuckerspiegel steigt langsamer und gleichmäßiger. Das ist besonders für Diabetiker wichtig.

Im Dickdarm regt die füllige, weiche Masse die Darmbewegung an und die Transitzeit verkürzt sich. Die Darmwände werden „gefegt", das beugt Darmerkrankungen vor. Abführmittel werden überflüssig. Das funktioniert allerdings nur, wenn immer ausreichend Flüssigkeit getrunken wird! Fehlt Wasser, kommt es zur Verstopfung.

Ballaststoffe können Schadstoffe, Gallensäure und Cholesterin binden und zur Ausscheidung bringen. Gallensteinen und erhöhten Blutfettwerten wird so vorgebeugt. Letztlich wird auch die Darmflora positiv beeinflusst.

Mit einem weiteren Experiment kann man Bindefähigkeit der Ballaststoffe anschaulich machen. Ca. 100 ml Wasser werden mit ein paar Tropfen Tinte gefärbt. Anschließend 2 Esslöffel Weizenkleie in das gefärbte Wasser rühren und über einen Filter abgießen. Die Kleie „entfärbt" das Wasser.

Zusatzinfos:

Weizen: Er ist die einzige Getreideart, die sehr viel Klebereiweiß enthält und für die Herstellung elastischer Teige besonders gut geeignet ist. Wir unterscheiden Weichweizen für Mehl, Brot und Backwaren, sowie Hartweizen (höherer Eiweißgehalt) für Teigwaren. Neben Mehl, Brot, Backwaren und Nudeln wird Weizen auch zu Grieß, Graupen, Grütze, Bulgur, Couscous, Weizenbier, Branntwein und Futtermittel verarbeitet. Stärke aus Weizenmehl findet in der Papier- und Kleisterherstellung sowie in Kosmetikprodukten Verwendung.

Roggen: Das klassische Brotgetreide enthält deutlich weniger Klebereiweiß als Weizen. Sauerteig ist für Roggenbrot das wichtigste Triebmittel zur Teiglockerung. Ganze Körner oder Schrot eignen sich gekocht als Suppeneinlage. Neben Mehl und Brot kann Roggen auch als Grundlage für Alkohol verwendet werden. Roggenmalz lässt sich für die Bierherstellung und als Süßungsmittel einsetzen. Weiterhin dient Roggen als Futtermittel und als Energiepflanze in der Biogasgewinnung.

Gerste: Gerste ist alleine nicht zum Backen geeignet. Sie wird überwiegend als Braugerste angebaut. Als wichtiger Rohstoff für Malzkaffee wird Gerste zum Ankeimen gebracht, dann getrocknet, gemahlen und geröstet. Aber auch Mehl, Graupen, Grütze und Futtermittel sind Verwendungsmöglichkeiten. Als Flocken können sie für Müsli, Bratlinge oder Suppen verwendet werden.

Hafer: Zum Backen ist Hafer aufgrund des geringen Kleberanteils nicht geeignet. Hafer hat von allen Getreidearten den höchsten Gehalt an Eiweiß und Kalzium. Haferkörner und Hafergrütze lassen sich wie Reis als Beilage oder Suppeneinlage verwenden. Für Haferflocken wird nur die harte äußere Schale entfernt. Die Körner werden getrocknet, gewalzt und sind immer ein Vollkornprodukt. Außerdem wird Hafer für Haferkleie und Hafermilch, sowie Viehfutter verwendet.

Dinkel: Dinkel gehört zur Weizenfamilie und liefert ein eiweißreiches Mehl mit einem hohen Kleberanteil, guten Backeigenschaften und aromatischem Geschmack. Dinkelmehl ist die Grundlage für schwäbische Mehlspeisen und Gebäcke. Als ganzes Korn, Mehl, Schrot und Grieß ist Dinkel im Handel.

18 Hintergrundinformationen und Lösungsvorschläge

Grünkern: Es ist Dinkel, der als grünes Korn in nicht vollständig gereiftem Zustand geerntet wird. Durch Trocknung bekommt er einen herzhaft-würzigen Geschmack. Grünkernprodukte eignen sich für Brot, Aufläufe und Getreidebratlinge.

Hirse: Hirse hat, verglichen mit anderen Getreidearten, den höchsten Eisengehalt. Im Handel ist Hirse überwiegend als ganzes Korn oder in Form von Flocken erhältlich. Ähnlich wie Reis, kann Hirse als Beilage, Suppeneinlage, für Aufläufe aber auch für Süßspeisen und Milchbrei verwendet werden. Hirse ist ein beliebtes Vogelfutter.

Mais: Gemüsemais wird aus den Körnern einer süßen Maisart, dem Zuckermais hergestellt. Er kommt frisch oder in Konserven in den Handel. Als Frischware verliert Mais bei der Lagerung, durch den Zuckerabbau, schnell seinen süßen Geschmack. Körnermais wird gemahlen für Teige und Brot verwendet. Mais kommt überwiegend verarbeitet in Form von Cornflakes, Maisgrieß, Popcorn und Stärke in den Handel. Puffmais ist eine spezielle Maissorte mit dünner, aber sehr harter Schale. Mit anderen Maissorten gelingt kein Popcorn. Mais dient außerdem als Rohstoff für das Vitamin E- reiche Maiskeimöl, als Energiepflanze zur Biogasgewinnung und als Futtermittel. Cornflakes dürfen nur aus Mais hergestellt werden. Es gibt auch Flakes aus anderen Getreidesorten, diese heißen dann aber Knusperflakes. Beim Kauf sollte man beachten, dass meistens Zucker zugesetzt ist.

Reis: Reis gibt es in verschiedenen Sorten. Langkorn-, Mittelkorn- und Rundkornreis, gelbe, rote, grüne und schwarze Sorten, sowie duftende Sorten wie Basmati- und Jasminreis. Rundkornreis, auch Milchreis genannt, kocht weich und eignet sich für Süßspeisen, Paella und Risotto. Klebreis ist ein sehr stärkehaltiger Reis, der sich für asiatische Gerichte eignet. Bei **Naturreis** handelt es sich um ein Vollkornprodukt. Der weiße Reis ist vollständig geschliffen und poliert. Alle Randschichten und auch der Keimling werden entfernt. Reis wird als Beilage, als Reismilch und Reismehl verwendet, aber auch für Reiswein und Reislikör. Für **Parboiled Reis** werden durch ein Spezialverfahren vor dem Schälen, 80 % der Vitamine und Mineralstoffe ins Kerninnere befördert. Ballaststoffe sind nicht mehr enthalten. Er klebt nicht und hat eine kürzere Garzeit. **Schnellkochreis** (Minutenreis) ist ein durch Dampf behandelter, vorgegarter und wieder getrockneter Reis. Dadurch verkürzt sich die Zubereitungszeit. Kochbeutelreis ist ein Convenience-Produkt, das fertig portioniert ist. Portioniert man losen Reis, dann rechnet man 1 Tasse Reis + 3 Tassen Wasser und erhält ca. 4 Tassen gekochten Reis.
Wildreis ist gar kein Reis, sondern eine Grasart mit dunklen Samen. Er ist sehr teuer und wird daher häufig nur beigemischt.

Getreideähnliche Körner – Pseudogetreide

Buchweizen ist ein Knöterichgewächs. Seine Körner sehen aus wie kleine Bucheckern. Buchweizen wird als ganzes Korn, als Mehl, Flocken oder Grütze angeboten. Der nussige Geschmack gibt z. B. „Blinis" oder Waffeln die besondere Note. **Kasha** ist gerösteter Buchweizen.

Amaranth zählt zu den Fuchsschwanzgewächsen. Die Körner ähneln Hirsekörnern. Sie sind sehr eiweiß- und mineralstoffreich. Im Handel als Mehl oder wie Mais gepufft (Puffamaranth), z. B. in Müslimischungen. Gekocht eignen sich die Körner für Suppen, Pfannengerichte, Aufläufe und Süßspeisen.

Quinoa, auch Inkakorn genannt, gehört zu den Gänsefußgewächsen. Die kleinen, gelblich-weißen Samen enthalten mehr Eiweiß und Eisen als klassische Getreidearten. Kommt mit seinem nussigen Geschmack, als Zutat in Brot, Backwaren und Teigwaren vor. Gekocht passen die Körner in Suppen, Eintöpfe und Aufläufe. Aber auch für Bratlinge, Klöße, Pfannkuchen und Süßspeisen eignet sich Quinoa.

Getreideprodukte im Handel

Grieß ist meist aus Weizen, kann aber auch aus anderen Getreidesorten gewonnen werden. Es wird unterschieden nach Hart- oder Weichweizengrieß. Hartweizengrieß bleibt beim Kochen fest, geeignet z. B. für Grießnockerln. Weichweizengrieß verwendet man für Babynahrung und Süßspeisen. Für **Grütze** werden Hafer, Gerste, Roggen, Hirse, Mais, Weizen oder Buchweizen grob gemahlen. **Graupen** sind kleine, geschliffene Gersten- oder Weizenkörner. Erhältlich als ganze Körner – Koch- oder Rollgerste, und zerkleinert als Perlgraupen oder Perlgerste bezeichnet. **Polenta** ist italienischer Maisgrieß, den es auch als vorgegarten Polentagrieß gibt. Feiner in der Konsistenz ist das **Maismehl**. Eignet sich als Beilage. Im Handel erhält man vorgegarten Polentagrieß. **Kukuruz** ist grober Maisgrieß mit feinem Maismehl gemischt. **Bulgur** ist ein grober Grieß aus Weizen. Er ist schon vorbehandelt und muss nur noch mit kochendem Wasser übergossen werden. Dann 15 Minuten quellen lassen. Wird wie Reis als Beilage gegessen. Couscous ist ein grober Grieß aus Weizen oder Hirse. Ähnlich wie Bulgur ist **Couscous** schon vorbehandelt und nach kurzer Quellzeit als Beilage zu verwenden. Für **Flocken** werden Hafer, Mais, Reis, Gerste, Weizen oder Roggen, ohne Fruchtschale und Keimling gedämpft, gewalzt und getrocknet. **Stärke** gewinnt man aus Weizen, Mais oder Reis. Das ist nur der Mehlkörper ohne Klebereiweiß. **Kleie** besteht aus den Schalen von Getreidekörnern. Sie liefern Ballaststoffe, die für die Verdauung wichtig sind.

Welcher Mehltyp für welche Verwendung?

Mehle mit einer hohen Typenzahl sind etwas gröber. Sie brauchen mehr Flüssigkeit zum ausquellen. Mehle mit niedriger Typenzahl sind glatter. Sie nehmen Wasser schnell auf und haben gute Backeigenschaften.

Glatte Mehle – Weizenmehl Type 405 und 550 – gut für Kuchen, Kekse, Hefegebäck, Weißbrot, Pizzateig, Nudeln, Waffeln, Pfannkuchen; bei Dinkelmehl ist die niedrigste Typenzahl 630

Halbgriffige Mehle – z.B. Weizenmehl Type 1050; Roggenmehl Type 1150 und Dinkelmehl Type 1050 – sind etwas gröber, dunkler und kräftiger im Geschmack – gut für Mischbrote

Griffige Mehle – mit hoher Typenzahl, z.B. Weizenmehl oder -schrot Type 1700 und Roggenmehl oder -schrot Type 1800 sind sehr grob und enthalten kleine Schalenstücke – für kernige Brote

Vollkornmehle – enthält das gesamte Korn, ist grob, dunkel und kräftig im Geschmack – für Vollkornbrote

Instantmehl – ein besonders lockeres und rieselfähiges Mehl. Durch eine Spezialbehandlung löst es sich in Flüssigkeit klumpenfrei auf und ist gut für Knödel und Spätzle geeignet.

5. Ohne Bäcker ist nichts gebacken

Aufgabe 1:

Vollkornbrot enthält alle Bestandteile des vollen Kornes. Der Gehalt an Vitaminen und Mineralstoffen ist für eine ausgewogene Ernährung wichtig. Sie übernehmen im Körper viele wichtige Aufgaben. Die Gesundheit von Haut, Haaren und Knochen, aber auch die Konzentrations- und Leistungsfähigkeit sind nur einige Beispiele. Der Ballaststoffanteil sorgt für eine gute Sättigung und schützt so vor Überernährung. Der gesamte Stoffwechsel und der Verdauungsapparat profitieren von Vollkornprodukten. Leistungstiefpunkte lassen sich abmildern, denn der Blutzuckerspiegel verläuft gleichmäßiger. Vielen Stoffwechselerkrankungen und sogar Krebserkrankungen wird vorgebeugt.

Aufgabe 2:

Das Angebot an Brot und anderen Backwaren kann regional recht unterschiedlich sein. Daher hier nur einige Beispiele: Kasseler Brot, Krustenbrot, Schwarzwälder Brot, Toastbrot, Stangenweißbrot, Thüringer Landbrot, Bauernbrot, Oberländer Brot, Mecklenburger Landbrot, Frankenlaib, Paderborner Brot, Schlesisches Brot, Fitnessbrot, Weltmeisterbrot, Berliner Landbrot, Sesambrot, Zwiebelbrot, Sonnenblumenkernbrot, Grahambrot, Rosinenbrot, Simonsbrot, Mehrkornbrot, Gewürzbrot, Knäckebrot, Pumpernickel, Rheinisches Schwarzbrot, Holsteiner Katenbrot, Oberländer Schwarzbrot, Vollkornschinkenbrot, Roggenvollkornbrot mit Haferflocken, Oldenburger Schwarzbrot, Baguettebrötchen, Käsebrötchen, Milchweck, Hörnchen, Kaisersemmel, Croissant, Normalbrötchen, Berliner Schrippe, Flechtsemmel, Druckbrötchen, Zopfbrötchen, Bauernbrötchen, Sesamhörnchen, Brezel, Rosinenbrötchen, Haferbrötchen, Mohnsemmel, Sesambrötchen, Röggelchen, Wasserweck, Vollkornbrötchen, Hamburger Rundstück, Kümmelstange, Zwiebelstange, Nussbrötchen, Kürbiskernbrötchen, Sonnenblumenkern-Brötchen …
An diesen Beispielen ist zu sehen, dass oft nur die Zutatenliste etwas über die Zusammensetzung aussagt.

ARBEITSHEFT NAHRUNGSMITTEL & KÜCHENHYGIENE / BAND 1
Eine kleine Warenkunde – Bestell-Nr. 13 067
KOHL VERLAG

Hintergrundinformationen und Lösungsvorschläge

5. Ohne Bäcker ist nichts gebacken

Aufgabe 3:

Brot oder Brötchen vom Vortag, gut mit Wasser anfeuchten und bei 180°C einige Minuten in den Backofen schieben. Besonders hartes Brot kann in ein feuchtes Küchenhandtuch gewickelt, für ca. 15 Minuten in den Ofen.
Harte Brötchen oder Baguette können eingeweicht in Hackfleischteig gegeben werden, oder zu Paniermehl/Semmelbrösel verarbeitet werden. In Würfel geschnitten bilden sie die Basis für Semmelknödel, werden die Würfel in etwas Butter oder Öl in der Pfanne geröstet, entstehen knusprige Croutons für Salate und Suppen. Brotchips entstehen, wenn man dünne Brötchen- oder Baguettescheiben auf Backpapier legt, mit etwas Öl bepinselt und mit Salz und Paprika würzt. Dann für ca. 15 Minuten bei 180 °C goldbraun backen.

Armer Ritter: Trockene Brotscheiben werden kurz in Milch eingeweicht und dann durch einen Pfannkuchenteig gezogen. Von beiden Seiten in der Pfanne ausbacken und mit Apfelmus servieren. Die Scheiben können auch vor dem Backen in Paniermehl gewendet werden.

Kaiserschmarren: 6 Scheiben trockenes Brot in kleine Stücke brechen und mit 3/8 l heißer Milch übergießen und gut einweichen lassen. 2 Eier mit etwas Milch und Zucker verquirlen, zusammen mit einer Tasse Rosinen und kleinen Apfelstückchen mit dem Brot mischen. In der Pfanne den Teig zu einem knusprigen Boden backen und dann mit 2 Gabeln zerreißen und wenden. Mit Zimt und Zucker bestreuen. Das geht auch in einer gefetteten Auflaufform bei 200 °C für 30 Minuten im Backofen.

Bayrischer Brezelsalat: 2 Laugenbrezeln in dünne Scheiben schneiden, in Olivenöl und etwas Butter in der Pfanne knusprig braten und auf Küchenpapier abkühlen lassen. ½ Bund Radieschen in Scheiben geschnitten, ½ Salatgurke vierteln, die Kerne entfernen und in Stücke geschnitten, einige halbierte Kirschtomaten, Blattsalatmischung (oder Feldsalat), eine gewürfelte Zwiebel, ½ Bund Schnittlauch, 1 Beet Kresse
Dressing: 3 EL Weißweinessig, 5 EL Rapsöl, 3 EL süßer Senf, Salz, Pfeffer, 1 TL flüssiger Honig. Salat und Brezelstücke mischen, das Dressing kurz vor dem Servieren zum Salat geben.

Aufgabe 4:

Neben vielen Redensarten rund um das Brot, gibt es auch viele Bräuche, an denen man heute noch sieht, welchen Stellenwert früher das Brot für die Menschen hatte. Zu allen Festen im Jahreskreis kennen wir spezielle Backwaren wie z. B. Osterbrot, Neujahrsbrezel, Weckmann, Christstollen, Karnevalsgebäck und viele mehr. Auch der Brauch, Brot und Salz als Geschenk zum Einzug in eine neue Wohnung zu überreichen, ist weit verbreitet.

„Brot und Spiele“ – Mit dem Zugang zu lebenswichtigen Nahrungsmitteln und Unterhaltung haben sich die Herrscher im antiken Rom, das Volk gefügig gemacht. Brot und Brötchen gelten als Symbol für Erfolg, Lohn und Arbeit. Wer **„kleine Brötchen backt“**, hat bei irgendetwas wenig Erfolg, muss sparen oder **„den Brotkorb höher hängen“**. Der **„Brötchengeber“** gilt als Synonym für einen Arbeitgeber. **„Das tägliche Brot“** ist eine Umschreibung für wiederkehrende, alltägliche Aufgaben. **„Mit etwas sein Brot verdienen“** beschreibt, womit eine Person den Lebensunterhalt, also seine Existenzgrundlage bestreitet - oder auch den **„Broterwerb“**. Wer in **„Lohn und Brot“** steht, der hat eine Arbeit und kann **„sein Brot verdienen“**. Mancher muss **„sein Brot sauer verdienen“**, denn es kann ein **„hartes Brot“** sein den Lebensunterhalt zu bestreiten. Wenn aber alle Mühe zu keinem Ergebnis führt, dann ist es **„eine brotlose Kunst“**. Wer **„etwas gebacken kriegt“**, der ist in der Lage, etwas zustande zu bringen. Andere **„bekommen nichts gebacken“**. Wenn etwas **„weg geht wie geschnitten Brot“**, dann ist es stark nachgefragt und findet reißenden Absatz, es **„geht weg wie warme Semmeln“**. Wer sich **„nicht die Butter vom Brot nehmen lässt“** ist selbstbewusst und kann sich durchsetzen. Es kann nervig sein, wenn uns etwas Unangenehmes immer wieder **„aufs Brot geschmiert“** wird. Wer heute im Gefängnis ist, der sitzt nicht mehr wie früher **„bei Wasser und Brot“**. Wer vergeblich den idealen Partner oder Mitarbeiter sucht, der hört dann schon mal: **„der muss erst noch gebacken werden“**! **„Wes Brot ich esse, des Lied ich singe“** charakterisiert einen Menschen, der sich einen Vorteil davon verspricht, wenn er jemanden nach dem Mund redet. Kann man sich nicht von einem Gegenstand trennen, wird die Entscheidung vertagt, **„das frisst ja kein Brot“**. Die folgenden alten Redensarten verdeutlichen, welchen Stellenwert Brot für die Menschen hatte: **„Arbeit gibt Brot, Faulheit gibt Not“; „Arbeit macht aus Steinen Brot“; Man sagt viel und es wird kein Brot daraus“; „Altes Brot ist nicht hart, kein Brot ist hart“; „Fehlt das Brot im Haus, zieht der Friede aus“**

18 Hintergrundinformationen und Lösungsvorschläge

Zusatzinfos:

Wie wird Brot richtig gelagert?

Brot kann bei Zimmertemperatur lagern. Wichtig ist aber, dass Luft um das Brot zirkulieren kann. Eine luftdichte Verpackung begünstigt die Schimmelbildung. Die Papiertüte ist gut geeignet, das Brot vor dem Austrocknen zu schützen. Auch der Brotkasten (regelmäßig mit Essigwasser auswischen) oder der Römertopf ist eine gute Möglichkeit für die Lagerung.
Der Plastikbeutel eignet sich nicht zur Lagerung. Hier beginnt das Brot zu schwitzen und die Schimmelbildung wird begünstigt. Im Kühlschrank trocknet Brot sehr schnell aus. Daher sollte Brot nur an heißen Sommertagen in den Kühlschrank. Je höher der Roggenanteil ist, desto länger bleibt ein Brot frisch. Brot lässt sich sehr gut einfrieren und bei Bedarf, etwas angefeuchtet kurz aufbacken.
Zeigt sich Schimmel auf dem Brot, dann durchziehen dünne Pilzfäden das gesamte Brot. Da der Schimmelpilz die Nieren und die Leber schädigen, also sofort entsorgen und den Behälter mit Essigwasser säubern.

6. Milch – enorm vielseitig

Aufgabe 1:

Lösungssatz: „Wird Käse am Stück gekauft, trocknet er weniger schnell aus".

Durstlöscher (**W**) • Altersstufe (**I**) • Vollmilch (**R**) • Zentrifuge (**D**) • Rahm (**K**) • wärmebehandelt (**Ä**) • haltbar (**S**) • ungeöffnet (**E**) • Fettkügelchen (**A**) • zerkleinert (**M**) • vollmundiger (**S**) • Sauermilchprodukten (**T**) • Milchsäurebakterien (**Ü**) • gerinnt (**C**) • stark (**K**) • Fruchtzusatz (**G**) • Zutatenliste (**E**) • höheren (**K**) • Kefirhefen (**A**) • Alkohol (**U**) • wölbt (**F**) • stichfeste (**T**) • Fettgehaltsstufen (**T**) • Sahneprodukte (**R**) • geschlagenen (**O**) • hohen (**C**) • Bakterienkulturen (**K**) • ausflocken (**N**) • ungesäuerter (**E**) • Sauerrahmbutter (**T**) • klumpt (**E**) • Buttermilch (**R**) • Fettgehalt (**W**) • Wassergehalt (**E**) • Sorbinsäure (**N**) • Farbstoff (**I**) • verzehrfertig (**G**) • Rinde (**E**) • Sahnequark (**R**) • Körnchen (**S**) • reifen (**C**) • kurze (**H**) • Labenzym (**N**) • typischen (**E**) • Bruchstücke (**L**) • Käse (**L**) • Salzbad (**A**) • Trinkmolke (**U**) • Schafsmilch (**S**)

Aufgabe 2:

Kalzium ist ein lebenswichtiger Mineralstoff und mengenmäßig der Bedeutendste im menschlichen Körper. Die wichtigste Aufgabe ist der Aufbau und Erhalt von Knochen und Zähnen. Kalzium ist ein unerlässlicher Faktor bei der Blutgerinnung und für die Funktion jeder Körperzelle. Es stabilisiert die Zellwände und sorgt für die Signalübertragung in der Zelle. Aber auch die Weiterleitung von Reizen im Nervensystem (z. B. Hören, Sehen, Berührungen der Haut) und in der Muskulatur ist ohne Kalzium nicht mehr sichergestellt.

Unsere Knochen unterliegen einem ständigen Auf- und Abbauprozess. Pro Jahr werden ca. 8 % des Skeletts umgebaut. Schon ab dem 30. Lebensjahr wird die Knochenbilanz negativ, das heißt, es wird mehr Knochenmasse abgebaut als neue aufgebaut. Im Alter beschleunigt sich dieser Prozess. Daher ist es wichtig, in jungen Jahren eine hohe Knochendichte aufzubauen, um den Knochenabbau im Alter zu minimieren. Eine ausgewogene Ernährung und sportliche Aktivität sind der beste Schutz vor Osteoporose.

Kalziumlieferant Nr. 1 sind Milch und Milchprodukte. Einige Gemüsesorten wie Brokkoli, Grünkohl, Spinat und Rucola können zur Versorgung beitragen. Auch einige Nüsse und Samen wie z. B. Haselnüsse, Paranüsse, Sesam und Mohn liefern Kalzium. Kalziumreiches Mineralwasser, mit über 150 mg Kalzium pro Liter kann die Versorgung auch ergänzen. Die Deutsche Gesellschaft für Ernährung (DGE) empfiehlt folgende Richtwerte für die Zufuhr:

- Erwachsene: 1000 mg / Tag
- Jugendliche (13-18 Jahre): 1200 mg / Tag
- Jugendliche (10-13 Jahre): 1100 mg / Tag

6. Milch – enorm vielseitig

zu Aufgabe 2:

Mit dem Verzehr von 3 Portionen Milch und Milchprodukten täglich können wir unseren Kalziumbedarf decken. Kalzium wird in den Knochen gespeichert und bei Bedarf für die anderen Aufgaben an das Blut abgegeben. So bleibt die Konzentration im Blut im Normalbereich. Wird über längere Zeit zu wenig Kalzium aufgenommen, baut der Körper Knochenmasse ab, um den Gehalt im Blut sicherzustellen. Daher kann es lange dauern, bis Osteoporose festgestellt wird. Eine erhöhte Kalziumzufuhr über Nährstoffpräparate oder größere Mengen angereichter Lebensmittel, kann langfristig zu Harnsteinen und einer gestörten Nierenfunktion führen.
Mit einer Nährwerttabelle kann sich jeder die passenden Lebensmittel zusammenstellen.

- **Die Nährwerttabelle** – Beate Dipl. oec. troph. Heseker + Helmut Heseker; Taschenbuch 9,90 €; Umschau Zeitschriftenverlag; 7. Auflage 2023/2023; ISBN: 978-3-930007-77-6
- **Die große GU Nährwert-Kalorien-Tabelle**; Taschenbuch 14,99 €; Gräfe & Unzer Verlag; ISBN: 978-3-8338-2176-9

Aufgabe 3:

Laktose, auch Milchzucker genannt, kommt in der Milch von Kühen, Schafen und Ziegen vor. Um über die Dünndarmwand aufgenommen werden zu können, muss Laktose aufgespalten werden. Diese Aufgabe übernimmt das Verdauungsenzym Laktase. Bei Laktasemangel gelangt der Milchzucker ungetrennt in den Dickdarm. Dort wird Laktose von Darmbakterien verwertet, wobei Gase entstehen. Es kommt zu Blähungen, Bauchschmerzen und Durchfall. Es kommt aber nicht zu einer Darmschädigung. Laktoseintoleranz ist keine Krankheit, sondern genetisch bedingt. Hierbei lässt die Laktaseproduktion mit der Zeit nach. Die Fähigkeit, Milchzucker über das Säuglingsalter hinaus verdauen zu können, beruht auf einer evolutionsbiologischen Entwicklung. In Regionen, in denen Milchwirtschaft keine Jahrtausende alte Tradition hat, wie Asien und Afrika, findet man dies nur bei einer Minderheit der Bevölkerung.

In der Regel bleibt eine Restspaltungsaktivität bis ins hohe Alter bestehen. Kleinere Mengen über den Tag verteilt verursachen keine Beschwerden. Treten die Beschwerden auch ohne Milchprodukte immer wieder auf, könnten Inhaltsstoffe von Getreide, Früchten, Gemüse oder Zuckeraustauschstoffe die Ursache sein. Folgende Milchprodukte werden bei Laktoseintoleranz gut vertragen:

Alle gereiften Käse sind laktosefrei. Bei der Herstellung wird ein Großteil mit der Molke entfernt und Milchsäurebakterien bauen den restlichen Milchzucker ab. Je länger ein Käse reift, umso weniger Milchzucker bleibt zurück. Auch Weichkäse enthält nur noch Spuren und wird gut vertragen. In Frischkäse können unterschiedliche Mengen an Milchzucker enthalten sein. Hier muss man individuell ausprobieren, welche Menge vertragen wird. In Joghurt und Sauermilchprodukte wird Milchzucker durch Milchsäurebakterien abgebaut. Der Gehalt ist etwas um ein Drittel reduziert. Außerdem bilden die Bakterien selber Laktase, was die Verdauung zusätzlich unterstützt. Daher sind Joghurt und Sauermilchprodukte in der Regel gut verträglich.

In laktosefreier Milch ist der Milchzucker bereits gespalten. Das Laktase- Enzym wird beigemischt, sodass der Milchzucker in seine Bausteine Glukose und Galaktose zerlegt wird. Da diese Einfachzucker eine höhere Süßkraft haben, schmeckt laktosefreie Milch leicht süßlich. Sahne, Schmand, saure Sahne, Creme fraiche und Eiscreme gibt es ebenfalls laktosefrei. Wenn man einmal nicht sicher ist, ob Milchprodukte in einer Speise enthalten sind, helfen Laktase-Tabletten, die vor dem Essen eingenommen werden. Wichtig ist grundsätzlich der Blick auf die Zutatenliste von verarbeiteten Lebensmitteln.

7. Rätselhafte Fettangaben auf der Käsepackung

Aufgabe 1:

Individuelle Lösungen. Stehen Nährwerttabellen zur Verfügung, kann die Aufgabe auch auf den Gehalt an Eiweiß, Vitamine und Mineralstoffe erweitert werden. Mit den folgenden Links kann eine umfangreiche Zusammenstellung gemacht werden.

https://www.naehrwertrechner.de/naehrwerttabelle/k%C3%A4se

https://www.gutekueche.ch/naehrwerttabelle-kaese-kaeseprodukte

https://www.foodpal-app.com/de/kalorientabelle/kaese

18 Hintergrundinformationen und Lösungsvorschläge

Zusatzinfos:

Lab ist ein Enzym, das im Magen junger Wiederkäuer vorkommt. Es spaltet das Milcheiweiß und macht die Milch verdaubar. Lab wird bei der Fleischproduktion gewonnen. Mikrobielles Lab wird im Labor gezüchtet und wird als Labaustauschstoff bezeichnet. Für die Gewinnung werden bestimmte Schimmelpilze durch Mikroorganismen fermentiert. Eine weitere Möglichkeit ist es, Enzyme durch den Einsatz von Gentechnik zu produzieren. Der Zusatz von Lab oder eines Labenzymaustauschstoffes trennt die festen Milchbestandteile von der Molke. Diesen Gerinnungsprozess nennt man „Dicklegung".

Käse sollte möglichst in einer luftdurchlässigen Verpackung im Kühlschrank gelagert werden. Dabei die verschiedenen Sorten wie z. B. Schnittkäse und Edelschimmelkäse voneinander trennen, um eine Übertragung von Weißschimmel zu verhindern. Damit der Käse seinen vollen Geschmack entfalten kann, sollte er etwa eine Stunde vor dem Verzehr aus dem Kühlschrank genommen werden.

Riecht ein Käse sehr intensiv, dann kann dies an der Art der zugesetzten Bakterien liegen. Auch die Reifedauer und die Milchsorte haben einen Einfluss auf den Geruch des Käses. Kuh-, Schafs- oder Ziegenmilch geben dem Käse einen typischen Geruch und Geschmack.

Während des Reifeprozesses bauen Milchsäurebakterien den Milchzucker zu Kohlensäure ab, die nicht durch die Käserinde entweichen kann. Es entstehen Hohlräume im Käse. Reift ein Käse bei relativ hohen Temperaturen wie z. B. Emmentaler, dann bilden sich große Löcher. Reift der Käse bei niedrigeren Temperaturen wie z. B. Gouda, dann gibt es kleine oder gar keine Löcher.

Die Rinde schützt den Käse vor dem Austrocknen und vor Schimmelbefall. Bei natürlich gereiftem Käse wie z. B. Camembert, kann die Rinde unbedenklich gegessen werden. Überzüge aus Parafin oder Wachs sind nicht für den Verzehr geeignet. Ist die Rinde mit dem Konservierungsstoff Natamycin (E 235) behandelt, sollte sie großzügig abgeschnitten werden. Bei dem weißen Schimmel auf Camembert und Brie, sowie dem blaugrünen Schimmel in Gorgonzola handelt es sich um ungefährlichen Edelschimmel. Kleine oberflächige Schimmelstellen auf Hartkäse kann man großzügig abschneiden. Hat sich aber Schimmel auf Schnitt-, Weich- oder Frischkäse gebildet, dann ist dieser Käse, genau wie geriebener Käse, nicht mehr für den Verzehr geeignet.

Halloumi-Käse kann aus Kuh-, Schafs- oder Ziegenmilch oder einer Mischung daraus bestehen. Die Frischmilch wird erwärmt und mit Sahne, Salz, Lab und Wasser dickgelegt. Die Masse wird in der Molke erwärmt, abgegossen und als fingerdicke Quadrate geformt und gepresst. Anschließend wieder ca. 10 Minuten in der Molke gekocht. Dadurch reift der Käse nicht mehr nach. Dann wird er auf einer Seite gesalzen, mit Minzeblättern belegt, gefaltet und gepresst.

Filata-Käse ist eine Sammelbezeichnung für verschiedene Käsesorten, die mit einem besonderen Verfahren hergestellt werden. Die geronnene Käsemasse wird mit heißem Wasser überbrüht, geknetet, gezogen und zu einem weichen Teig mit einer faserigen Struktur verarbeitet. Als Kugel, Stange oder Zopf geformt, wird er in Molke oder Salzlake eingelegt. Er wird frisch oder geräuchert angeboten. Der bekannteste Vertreter dieser Gruppe ist der **Mozzarella**, der ursprünglich aus roher Büffelmilch hergestellt wird. Im Handel ist aber überwiegend Mozzarella aus pasteurisierter Kuhmilch. **Burrata** wird ebenso hergestellt. Er wird aber mit gezupften Mazzarrellefäden und Sahne gefüllt und wie ein Säckchen verknotet. Burrata wird frisch oder in Salzlake angeboten. **Provolone** ist ein gereifter Hartkäse, er durchläuft aber ebenfalls dieses Produktionsverfahren. Milde Sorten reifen 4 – 12 Wochen, kräftige Sorten 3 – 12 Monate.

Käseerzeugnisse:

Zu den Käseerzeugnissen gehören Schmelzkäse, Schmelzkäsezubereitung, Käsezubereitung und Käsekompositionen. Für **Schmelzkäse** und **Schmelzkäsezubereitungen** wird gereifter Käse zerkleinert und mit Schmelzsalzen bei 90 – 120 °C geschmolzen. Er ist lange haltbar und je nach Sorte streichfähig bis schnittfest. Es können verschiedene Gewürze, und z. B. Champignons, Salami, Schinken, Kräuter oder Nüsse zugesetzt werden. **Käsezubereitungen** bestehen aus Käse und anderen Milcherzeugnissen wie z. B. Sahne. Es handelt sich meist um Mischungen aus Speisequark mit Kräutern oder Früchten, sowie Frischkäse mit anderen Geschmackszutaten wie z. B. Kräuter. **Käsekompositionen** bestehen aus zwei und mehr Sorten Käse und Schmelzkäse. Die verschiedenen Käsesorten werden schichtweise wie eine Torte zusammengefügt oder gerollt.

ARBEITSHEFT NAHRUNGSMITTEL & KÜCHENHYGIENE / BAND 1
Eine kleine Warenkunde – Bestell-Nr. 13 067
KOHL VERLAG

18 Hintergrundinformationen und Lösungsvorschläge

8. Fett ist nicht gleich Fett

Aufgabe 1:

- Milchprodukte mit niedrigem Fettgehalt wählen.
- Fleisch- und Wurstwaren sparsam verwenden und den Fettgehalt beachten.
- Weniger Streichfett verwenden.
- Kochen und Braten mit weniger Fett.
- Fettsparende Zubereitung bevorzugen. (Dünsten, Tontopf, Folie, Grillen)
- Beschichtete Pfannen verwenden.
- Weniger Fast Food, Sahne, Mayo und Soßen verzehren.
- Weniger Fettgebackenes und Paniertes einplanen.
- Den Verzehr von Knabbergebäck reduzieren.
- Suppen und Soßen entfetten.
- Gebratenes kurz auf Küchenkrepp entfetten.

Aufgabe 2:

100 g Erdnüsse	150 g Räucheraal	150 g Hähnchenbrust	1 Apfel	150 g Seelachsfilet
50 g Fett	49 g Fett	2 g Fett	0,5 g Fett	1g Fett
1 Bratwurst	½ Tafel Schokolade	1 Stück Torte	25 g Mayonnaise	1 Möhre
32 g Fett	18 g Fett	30 g Fett	20 g Fett	0,2 g Fett

Zusatzinfos:

Nahrungsfette liefern dem Körper Brennstoff für die Energiegewinnung. Ohne Fett kann der Körper die fettlöslichen Vitamine (A, D, E, K) nicht verfügbar machen. Fett ist ein Geschmacksträger und sorgt für das Sättigungsgefühl. Die Fettreserven dienen als Wärmeschutz und schützen die Organe vor Verletzungen. Die essentiellen Fettsäuren haben vielfältige Aufgaben im Körper. Sie sind Bausteine für Zellen und hormonähnlicher Stoffe. Außerdem sind sie wichtig für das Immunsystem und die Muskelfunktion, sowie für die Blutgerinnung und die Fließeigenschaften des Blutes. Daher kommt dem Seefisch (1 – 2x pro Woche) und den hochwertigen Pflanzenölen eine besondere Bedeutung zu. Die gesättigten Fettsäuren begünstigen erhöhte Blutfettwerte und Ablagerungen in den Gefäßen. Das kann mit der Zeit zu verschiedenen Stoffwechselerkrankungen führen.

Seefisch enthält viele mehrfach ungesättigte Fettsäuren. Pflanzliche Fette haben überwiegend einfach- und mehrfach ungesättigte Fettsäuren, mit Ausnahme von Kokos- und Palmkernfett. Hier sind überwiegend gesättigte Fettsäuren enthalten. Bei tierischen Fetten überwiegen die gesättigten Fettsäuren, mit Ausnahme von Fischfett.

1 Gramm Fett liefert 9 kcal. Eiweiß und Kohlenhydrate jeweils 4 kcal pro Gramm. Der Fettbedarf richtet sich nach Alter und Geschlecht und sollte ca. 30 % des Gesamtkalorienbedarfs ausmachen, das sind rund 60 g.

Alter	männlich	weiblich
10 – 14 Jahre	ca. 2500 kcal	ca. 2000 kcal
15 – 19 Jahre	ca. 3000 kcal	ca. 2300 kcal
19 – 25 Jahre	ca. 2800 kcal	ca. 2200 kcal
25 – 51 Jahre	ca. 2700 kcal	ca. 2100 kcal

ARBEITSHEFT NAHRUNGSMITTEL & KÜCHENHYGIENE / BAND 1
Eine kleine Warenkunde – Bestell-Nr. 13 067
KOHL VERLAG

9. Speiseöl – für jeden Geschmack etwas dabei

Aufgabe:

P	S	E	S	A	M	S	A	M	E	N	D	I	E	K	A	L	T	G	T
A	E	M	A	N	D	E	L	N	P	R	E	B	S	S	S	T	K	E	R
L	N	A	V	O	C	A	D	O	S	P	F	A	W	L	O	A	O	N	A
M	O	Z	E	N	Ö	L	E	L	I	E	F	U	E	E	J	R	K	H	U
F	L	N	E	R	D	N	Ü	S	S	E	D	M	I	I	A	E	O	A	B
R	I	F	Ü	R	U	N	S	E	R	E	N	W	Z	K	B	Ö	S	S	E
Ü	V	R	D	I	S	T	E	L	N	P	E	O	E	M	O	L	N	E	N
C	E	R	L	E	B	E	N	S	N	O	T	L	N	O	H	E	Ü	L	K
H	N	W	E	N	D	I	G	E	N	F	E	L	K	H	N	I	S	N	E
T	T	P	A	L	M	K	E	R	N	E	T	S	E	N	E	N	S	Ü	R
E	S	R	A	P	S	S	A	M	E	N	Ä	A	I	S	N	S	E	S	N
K	Ü	R	B	I	S	K	E	R	N	E	U	M	M	A	R	A	E	S	E
N	M	A	I	S	K	E	I	M	E	U	N	E	E	M	D	M	F	E	E
T	T	L	W	A	L	N	Ü	S	S	E	Ö	N	S	E	L	E	I	C	H
B	U	C	H	E	C	K	E	R	N	E	N	V	I	N	T	N	A	M	I
N	E	S	O	N	N	E	N	B	L	U	M	E	N	K	E	R	N	E	!

Lösungssatz:
Die kaltgepressten Pflanzenöle liefern die für unseren Körper lebensnotwendigen Fettsäuren und fettlöslichen Vitamine!

Zusatzinfos:

Mitte des 19. Jh. war Butter teuer und knapp. Kaiser Napoleon III beauftragte einen Chemiker, einen preiswerten Ersatz für Butter zu erfinden.1869 wurde ein Verfahren zur Herstellung eines Streichfettes auf Basis von Rindertalg patentiert. Weil es so schön glänzte, nannte er sein Produkt „Margarine“ (nach dem griechischen Margon = Perle) Heute werden überwiegend pflanzliche Rohstoffe verwendet. Außer Fett, Öl und Wasser enthält Margarine üblicherweise Salz, Milch den natürlichen Farbstoff Beta- Carotin und einen Emulgator. Das kann z. B. Lecithin aus Eigelb sein. Der Emulgator sorgt dafür, dass sich die Fettphase mit der wässrigen Phase zu einer homogenen, streichfähigen Masse verbindet. Diesen Vorgang kann man bei der Herstellung von Mayonnaise, aber auch im Spülwasser beobachten. Bei der Mayonnaise entsteht eine stabile Creme, im Spülwasser verteilt sich das Fett, durch den Zusatz von Spülmittel, gleichmäßig im Wasser.

Zusatzinfos:

Hanföl (aus den Blüten und Blätter) und **Hanfsamenöl** (aus den Samen –THC-frei) sind hochwertige, kalt gepresste Öle. Es enthält viele essentielle Fettsäuren und eignet sich mit seinem nussigen Geschmack für Salate, Dips und kalte Speisen.

Albaöl ist eine schwedische Rapsöl-Zubereitung. Es stammt aus der südschwedischen Provinz Skåne. Der Raps wird ausschließlich in Schweden angebaut, ist naturbelassen und nicht genmanipuliert. Das Öl riecht und schmeckt wie frische Butter und eignet sich zum Braten, Backen und für Salate. Es ist bis 230 °C erhitzbar und spritzt kaum. Albaöl enthält kaum gesättigte Fettsäuren und hat einen hohen Gehalt an essentielle Fettsäuren. Das Butteraroma entsteht durch den Zusatz von synthetischen, naturidentischen Aromastoffe. Außerdem ist ein Emulgator, Beta-Carotin als Farbstoff und Zitronensäure als Oxidationsschutz enthalten.

ARBEITSHEFT NAHRUNGSMITTEL & KÜCHENHYGIENE / BAND 1
Eine kleine Warenkunde – Bestell-Nr. 13 067
KOHL VERLAG

Hintergrundinformationen und Lösungsvorschläge

10. Zucker – nicht nur aus der Zuckerrübe

Zusatzinfos:

Die Vorliebe für den süßen Geschmack ist uns angeboren. Das Fruchtwasser ist süß und wirkt schon beim Ungeborenen prägend. Bitter und sauer verbinden wir eher mit etwas Giftigem. Die Akzeptanz für diese Geschmacksrichtungen entwickeln wir erst mit der Zeit. Das süße Geschmacksempfinden kann sich ändern, wenn man die Reizschwelle senkt. Nach einer Übergangszeit von einigen Tagen ohne Zucker und Süßungsmitteln, werden geringer gesüßte Speisen mit dem gleichen Geschmackserlebnis wie zuvor empfunden.

Aufgabe 1:

Kohlenhydrate sind mengenmäßig der wichtigste Nährstoff für unseren Körper. 55 – 60 % unseres Energiebedarfs sollten mit Kohlenhydraten gedeckt werden. Als wichtigster Brennstoff liefern Kohlenhydrate Energie für Wärme und Kraft. Außerdem regulieren sie das Stoffwechselgeschehen in den Zellen. Nerven- und Gehirnzellen können nur aus Traubenzucker Energie gewinnen. Hieraus resultiert auch der beliebte Spruch: „Zucker ist Nervennahrung“. Allerdings bezieht sich das nicht auf Süßigkeiten. Die Hälfte der Kohlenhydrate verbraucht unser Gehirn. Unter Stress verbraucht es zusätzliche Energie. Da Zucker am schnellsten Energie liefert, greift man bei Stress und Belastung oft unbewusst zu zuckerhaltigen Lebensmitteln. Auch am Aufbau verschiedener Körperstoffe wie Knorpel, Knochen, Bindegewebe, Enzyme, Schleimstoffe usw. sind Kohlenhydrate beteiligt. Fett kann in den Zellen nur in Anwesenheit von Kohlenhydraten abgebaut werden – „im Feuer der Kohlenhydrate“. Bei Kohlenhydratmangel kann Fett nicht vollständig abgebaut werden und es kommt zu Übersäuerung des Körpers. Es kann nur eine begrenzte Menge in Form von Glykogen im Körper als schnell verfügbare Reserve gespeichert werden. Was wir zuviel aufnehmen wandert in die Fettdepots, wo sie bei Mangel, wieder zur Energiegewinnung abgebaut werden können.

Gute Kohlenhydratlieferanten sind Getreideprodukte aus dem ganzen Korn, Kartoffeln, Hülsenfrüchte, Gemüse und Obst. Je komplexer die Kohlenhydrate sind, umso langsamer lassen sie den Blutzuckerspiegel steigen. Die Zuckermoleküle müssen erst abgespalten werden, um ins Blut gehen zu können. Ballaststoffe verzögern den Abbauprozess, Blutzuckerspitzen werden so vermieden und das Sättigungsgefühl hält länger an. Steigt der Blutzucker schnell an, wird viel Insulin für den Abbau ausgeschüttet und der Blutzuckerspiegel fällt rasch wieder ab. Ist er aber tief, dann werden wir müde und der Körper fordert neuen Brennstoff, indem er Hunger signalisiert.

Ist der Zuckerkonsum ständig zu hoch, dann macht sich das auf der Waage bemerkbar. Was nicht sofort zur Energiegewinnung gebraucht wird, wandert in die Fettdepots. Tagsüber hat man selten die Möglichkeit, nach einem süßen Snack die Zähne zu putzen. Bakterien können den Zucker in Säure umwandeln und den Zahnschmelz angreifen. Während der Ausschüttung von Insulin wird die Fettverbrennung gehemmt, wodurch das aufgenommene Fett gespeichert wird. Kommt es immer wieder zu Blutzuckerspitzen, wird die Bauchspeicheldrüse stark beansprucht, mit der Zeit kann es Störungen in der Insulinproduktion kommen. Nicht ohne Grund nennt man Diabetes auch „Zuckerkrankheit“.

Aufgabe 2:

Isolierter Zucker wird aus gutem Grund als leerer Kalorieträger bezeichnet. Süßigkeiten, gesüßte Getränke usw. enthalten viele Kohlenhydrate, aber kaum andere Nährstoffe. Kohlenhydrate aus diesen Produkten liefern viele Kalorien, haben aber keinen Sättigungswert und sorgen so für eine übermäßige Kalorienaufnahme. Ersetzen Süßwaren, besonders bei Stress, ganze Mahlzeiten, verursachen sie zusätzlich einen Nährstoffmangel. Gesunde Kohlenhydrate, die zusätzlich Ballaststoffe, Vitamine und Mineralstoffe liefern, fehlen dann.

Zusatzinfos:

Puderzucker nimmt leicht Feuchtigkeit aus der Luft an. Daher wird ca. 3 % Maisstärke zugegeben.

Für braunen Zucker besprüht man meist den weißen Zucker mit Melasse. In der geöffneten Packung verliert er Feuchtigkeit und die Melasse härtet aus. Dann kann man den Zucker mit einem feuchten Tuch abdecken und einen Deckel auflegen. Nach einem Tag das Tuch entfernen.

ARBEITSHEFT NAHRUNGSMITTEL & KÜCHENHYGIENE / BAND 1
Eine kleine Warenkunde – Bestell-Nr. 13 067
KOHL VERLAG

Hintergrundinformationen und Lösungsvorschläge

10. Zucker – nicht nur aus der Zuckerrübe

Aufgabe 3: individuelle Lösung

Aufgabe 4: individuelle Lösung

Hierbei ist auf die Hygiene zu achten. Jeder sollte eine eigene Schale und einen Löffel benutzen. Aus den einzelnen Schalen nur mit einem Extralöffel entnehmen.

Zusatzinfos:

Dattelpaste selber machen:

Für 150 g Dattelpaste werden 100 g getrocknete Datteln entkernt und mit Wasser übergossen, bis sie bedeckt sind. Einige Stunden stehen lassen (am besten über Nacht). Das Einweichwasser abgießen, die Datteln pürieren und das Dattelwasser langsam zugeben, bis die Masse eine cremige Konsistenz hat. Die Dattelpaste hält sich in einem Schraubglas im Kühlschrank ca. eine Woche.

11. Zuckerersatz – Zuckeraustauschstoffe und Süßstoffe

Aufgabe 1:

Um Glukose in die Zellen zu befördern, brauchen wir das Insulin, ein Hormon aus der Bauchspeicheldrüse. Der Körper passt die Insulinproduktion immer den aktuellen Blutzuckerwerten an. Es ist das einzige Hormon im menschlichen Körper, das den Blutzuckerspiegel senkt und dafür sorgt, dass Glukose aus dem Blut in die Zellen aufgenommen werden kann. Je nach Diabetes-Typ wird aber zu wenig, bzw. gar kein Insulin produziert. Mit einer Diät und/oder Insulingabe muss diese Stoffwechselerkrankung behandelt werden. Hier können Zuckeraustauschstoffe und Süßstoffe eine Alternative zum Zucker sein. Sie werden weitgehend insulinunabhängig verarbeitet.

Aufgabe 2: individuelle Lösung

Zusatzinfos:

Zucker beim Backen austauschen:
Anstelle von 100 g Zucker – 100 g Kokosblütenzucker; 75 g Honig; 80 g Agavendicksaft; 143 g Ahornsirup; 100 g Xylit; 125 – 142 g Erythrit
Backpulver um ¼ erhöhen und evtl. weniger Flüssigkeit verwenden.

Honig wird bei Erkältungskrankheiten gerne als Heilmittel eingesetzt. Bei Fenchelhonig, Zwiebel- oder Rettichsaft wirkt der Honig als Lösungsmittel für die Pflanzenwirkstoffe, welche für die Heilwirkung verantwortlich sind.

Zusatzinfos:

In der EU zugelassenen Süßstoffe:

Acesulfam-K (E950)	Aspartam (E 951) nicht koch- und backfest	Cyclamat (E 952)
Saccharin (E 954)	Sucralose (E 955)	Thamatin (E 957) nicht koch- und backfest
Neohesperidin DC (E 959)	Steviolglycoside aus Stevia (E 960a)	Enzymatisch hergestellte Stevioglycoside (E 960c)
Neotam (E 961)	Aspartam-Acesulfam-Salz (E 962)	Advantam (E 969)

Hintergrundinformationen und Lösungsvorschläge

12. Die richtigen Backtriebmittel für ein gutes Backergebnis

Aufgabe 1: individuelle Lösungen

Zusatzinfos:

Bei einigen Teigen erfolgt die Teiglockerung auf physikalische Weise. Wasserdampf oder Luft sorgen bei jedem Backvorgang für eine Teiglockerung, auch wenn kein anderes Triebmittel verwendet wurde. Das in jedem Teig enthaltene Wasser verdampft. Auch das Einschlagen von Luft in einen Teig, häufig Eischnee wie z. B. bei Biskuitteig, zählt zu den physikalischen Triebmitteln. Bei Blätterteig kommt die Lockerung durch verdampfendes Wasser zustande. Bei Brandteig hält die verkleisterte Stärke den Wasserdampf im Gebäck zurück. Der Alkohol in alkoholischen Zutaten wie z. B. Rum verdampft ebenso wie Wasser und trägt dadurch zur Lockerung bei.

Kohlendioxid lässt sich auf einfache Weise in Wasser gelöst zuführen, z. B. mit kohlensäurehaltigem Mineralwasser oder Bier. Beim Backen entweicht das gelöste Gas und lockert das Gebäck. Auch Natron kann als Backtriebmittel verwendet werden. Für 500 g Mehl benötigt man ca. 5 g Natron und 6 Esslöffel Säure in Form von Joghurt, Essig oder Zitronensäure um den Gärungsprozess in Gang zu bringen.

Aufgabe 2: a)

1. Hefezopf – **Hefe**	2. Rührteigkuchen – **Backpulver**	3. Spekulatius – **Hirschhornsalz**	4. Roggenbrot mit Körnern – **Sauerteig**
5. Pizza – **Hefe**	6. Weißbrot – **Hefe**	7. Waffeln – **Backpulver**	8. Krapfen – **Hefe**
9. Lebkuchen – **Pottasche**	10. Honigkuchen – **Pottasche**	11. Brötchen – **Hefe**	12. Pflaumenkuchen – **Hefe**
13. Vollkornbrot – **Sauerteig**	14. Lebkuchen – **Hirschhornsalz**	15. Apfelkuchen – **Backpulver**	16. Bauernbrot – **Sauerteig**

b) Zu den typischen Gewürzen in der Weihnachtsbäckerei gehören Zimt, Vanille, Kardamom, Ingwer, Muskat, Sternanis, Nelkenpulver und Piment.

Aufgabe 3:

Einsatzmöglichkeiten für Backpulver:
Mit einer Paste aus Backpulver und Wasser kann man Textilien mit Fettflecken, Schweißränder und speckigen Hemdkragen behandeln. Die Paste einreiben, trocknen lassen und ausbürsten. Kann auch bei Weinflecken auf Polstermöbeln angewendet werden. Vergilbte weiße Textilien oder Gardinen gibt man zusammen mit einer Tüte Backpulver in die Trommel. Weiße Sneakers werden mit einer Paste aus Spülmittel und Backpulver wieder sauber.

Bei Tee- und Kaffeeverfärbungen auf Geschirr und Thermoskannen sowie Ablagerungen in Blumenvasen lässt man eine Backpulverlösung für 1-2 Stunden einwirken. Der Backofen lässt sich leicht säubern, wenn man auf den feuchten Innenraum Backpulver verteilt. Nach 30 Minuten lassen sich die Verschmutzungen leicht entfernen. Das hilft auch bei Pfannen, Töpfen, Backblechen, Holzschneidebrettern und Ceranfeldern. Ein Schälchen Backpulver bindet im Kühlschrank unangenehme Gerüche.

In den verstopften Abfluss zwei EL Backpulver streuen und rund 100 ml Essig nachgießen, einwirken lassen und mit heißem Wasser nachspülen. So lassen sich auch unangenehme Gerüche aus dem Abfluss beseitigen. Urinstein und hartnäckige Flecken im WC mit Backpulver und Essig, bzw. Zitronensäure behandeln. Auch hier etwas einwirken lassen.

Mit Blattläusen befallene Pflanzen, mehrere Tage mit einer Backpulverlösung (1/2 Tüte Backpulver mit in die Sprühflasche) besprühen. Auch Ameisen können mit Backpulver bekämpft werden. Sogar Silberschmuck wird mit einer Backpulverpaste wieder glänzend.

Hintergrundinformationen und Lösungsvorschläge

Zusatzinfos:

Brotgewürz selber machen:

• 2 EL Kümmel, 2 EL Anis, 2 EL Fenchelsamen, 2 EL Koriandersamen

Alle Gewürze in einem Mörser oder eine Gewürzmühle möglichst fein mahlen. 1-2 EL zu 500 g Mehl geben.
Je nach Region wird zusätzlich auch Bockshornklee, Sternanis oder Schabziger Klee verwendet.

13. Sauer macht lustig – aber auch einen guten Salat

Aufgabe:

Verschiedene Essigsorten selber herstellen

Himbeeressig:
100 ml Wein; 100 ml stilles Wasser; 50 ml Essigessenz; 100 g Himbeeren (frisch oder TK- Ware)
Die Himbeeren 1-2 Wochen bei Raumtemperatur in einem Schraubglas ruhen lassen. Durch einen Papierfilter in eine saubere Flasche umfüllen. Kühl und dunkel gelagert ist der Essig 1 Jahr haltbar.

Orangenessig:
1 Bio-Orange; 100 ml stilles Wasser; 300 ml weißen Traubensaft (oder Weißwein);
100 ml Essigessenz
Essigessenz, Wasser/Wein und Orangensaft in eine Flasche füllen. Die Orange mit einem Sparschäler dünn schälen (ohne die weiße Haut) und mit in die Flasche geben. Eine Woche an einem kühlen Ort ruhen lassen. Durch einen Papierfilter in eine andere Flasche umfüllen.

Knoblauchessig:
6 große Knoblauchzehen; 300 ml Roséwein; 100 ml Essigessenz
Die Knoblauchzehen schälen, vierteln und in eine große Flasche geben. Wein, Essig und Wasser dazu geben und durchschütteln. Nach einer Woche durch einen Papierfilter in eine andere Flasche umfüllen.

Kräuteressig:
3 Zweige Basilikum; 3 Zweige Oregano; 2 Zweige Zitronenthymian; 1 EL Senfkörner; 3 Knoblauchzehen; 500 ml weißer Balsamico oder Weißweinessig
Die Kräuter waschen und gut trocken tupfen. Zusammen mit den Senfkörnern und dem geschälten Knoblauch in eine saubere Flasche geben und mit Essig auffüllen. Den Essig 3-4 Wochen kühl und dunkel durchziehen lassen. Durch einen Papierfilter in eine andere Flasche umfüllen.

Je länger ein Essigansatz zieht, desto intensiver wird sein Geschmack. Nach spätestens 4 Wochen sollte der Ansatz aber durch einen Papierfilter abgegossen werden. Nach kurzer Zeit werden zugesetzte Kräuter braun. Diese Verfärbung wird durch den Essig verursacht und beeinflusst den Geschmack nicht. Wichtig ist, dass die Kräuter immer vollständig mit Essig bedeckt sind, damit sie nicht schimmeln. Es können auch getrocknete Kräuter verwendet werden. 3-4 EL auf ein Liter Essig. Alle Zutaten sollten von guter Qualität sein, damit das Ergebnis auch überzeugt. Wichtig ist außerdem, dass alle Geräte und Gefäße sauber sind, auch die Hände!

Ja nach Geschmack, kann experimentiert werden. Es kann Essigessenz, Weinessig, Apfelessig, Sherryessig oder Balsamico-Essig verwendet werden. Auch der Zusatz von Pfefferkörnern, Chilischoten und Ingwerstücken verändern das Ergebnis. Mit verschiedenen Zusätzen sind alle Geschmacksrichtungen möglich. Neben Zitronenschalen, Erdbeeren, Johannisbeeren, getrockneten Hagebutten, Holunderblüten, Kapuzinerkresse, Dill, Estragon usw. kann eifrig experimentiert werden. Den fertigen Essig möglichst kühl lagern. Da ein neuer Ansatz schnell zubereitet ist, immer nur kleine Mengen bereiten.

18 Hintergrundinformationen und Lösungsvorschläge

Zusatzinfos:

Bei der industriellen Produktion wird die Flüssigkeit in großen Bottichen über Buchenholzspäne gepumpt, bis sie sich in Essig umgewandelt hat. Nach 6 Tagen hat sich der Alkohol in Rohessig verwandelt. In einem schnelleren Verfahren befinden sich die Essigsäurebakterien bereits in der alkoholischen Maische. Über einen Belüfter wird der Inhalt im Gärtank kontinuierlich mit feinsten Luftbläschen versorgt, was eine optimale Sauerstoffkonzentration ermöglicht. Dieser Herstellungsprozess dauert nur 24 Stunden. Essig erlangt erst durch die Lagerung seine Reife. Während der Lagerung in großen Bottichen wird der Essig milder und entfaltet sein typisches Aroma. Je länger die Reifung, desto „weicher" ist der fertige Essig. Das Aroma ist abhängig vom Ausgangsprodukt. Außer Wein kann das Branntwein, vergorenes Obst oder vergorenes Malz sein. Der Restalkohol im fertigen Essig ist, je nach Sorte, mit rund 0,5 % auch für Kinder kein Problem, da nur kleine Mengen verwendet werden.

Preiswerter Balsam-Essig ist nicht mit dem italienischen Original zu vergleichen. Dunklen Sorten kann zum Färben Zuckercouleur zugesetzt sein. „Aceto Balsamico di Modena" darf nur aus regionalem, eingekochtem Traubenmost und Weinessig bestehen. Er reift ca. 2 Monate im Holzfass. „Aceto Balsamico Traditionale di Modena" reift mindestens 12 Jahre in verschiedenen Holzfässern. Manche Sorten reifen sogar bis zu 50 Jahre. Dabei dickt er immer weiter ein und erhält sein intensives, fruchtiges Aroma und eine sirupartige Konsistenz. Die Holzart beeinflusst den Geschmack. Aus 100 kg Trauben erhält man einen Liter des kostbaren Essigs.

Zusatzinfos:

Essig lässt sich gut als Reinigungsmittel einsetzen. Dem Fensterputzwasser zugesetzt sorgt er für streifenfreien Glanz. Als Weichspülerersatz löst er Kalkablagerungen auf den Fasern. Lästige Fruchtfliegen werden mit einem Schälchen Essig und einem Schuss Spülmittel vom Obstteller ferngehalten. Hartnäckige Kalkablagerungen in Bad und Küche lassen sich gut mit Essig entfernen. Den Essig auftragen und einwirken lassen. Essigwasser reinigt die Kaffeemaschine und das Siebchen des Wasserhahnes. 2 EL Apfelessig in einem ½ Glas Wasser ergibt eine antibakterielle Mundspülung. Apfelessig 1:1 mit Wasser gemischt eignet sich als desinfizierendes Gesichtswasser.

14. Auf den Tellern von Morgen

<u>Aufgabe 1</u>: individuelle Lösung

<u>Aufgabe 2</u>: individuelle Lösung

<u>Aufgabe 3</u>: individuelle Lösung

Diskussionsanregungen:

- Umfragen haben gezeigt, dass besonders junge Leute für einen Versuch offen sind und wenn es nur als Mutprobe gedacht ist. Es muss ja nicht gleich die Ameiseneiersuppe, gegrillte Heuschrecken, gebratene Seidenraupen oder frittierte Wespen für den Einstieg sein.
- Es gibt weltweit viele Ernährungsgewohnheiten, die nicht überall auf der Welt in gleicher Weise übernommen werden können. Der Zusatz von Insektenmehl könnte am ehesten Akzeptanz finden. Allerdings wird es schwierig, Bienen, Wespen, Wanzen, Termiten, Spinnen und Skorpione auf den deutschen Markt zu bringen. Das werden wohl auch weiterhin „landestypische Spezialitäten" bleiben.
- Auch wenn der Kopf sagt, dass Speiseinsekten eine Eiweißquelle der Zukunft sein können, spricht das Bauchgefühl gegen den Verzehr. Das Ekelgefühl vor bestimmten Lebensmitteln schützt auch vor dem Verzehr ungenießbarer Produkte. Wir kennen Lebensmittelschädlinge, die wir mit verdorbenen Lebensmitteln in Verbindung bringen.

18 Hintergrundinformationen und Lösungsvorschläge

14. Auf den Tellern von Morgen

- Bestimmte Vorlieben in der Ernährungsweise haben sich bereits im Kindesalter entwickelt. Diese zu ändern ist recht schwierig. Das kann man sehen, wenn man versucht auf eine gesündere Ernährung umzustellen.
- Bei der Produktion von Speiseinsekten wird weniger Wasser und Fläche verbraucht, außerdem werden weniger Emissionen ausgestoßen. Der Gehalt an hochwertigen Proteinen, essentiellen Fettsäuren, Ballaststoffen, Vitaminen und Mineralstoffen ist dem Fleisch überlegen.
- Wie hoch das Allergierisiko tatsächlich ist, wird sich erst in der Praxis zeigen.
- Bisher gibt es noch keine Haltungsvorschriften für Insekten in Deutschland. Außerdem besteht noch Klärungsbedarf über eine möglichst schonende Tötung.
- Der hohe Fleischkonsum schadet dem Klima. Mit dem Verzehr von mehr Obst und Gemüse und weniger Fleisch, kann die Ökobilanz verbessert werden. Wenn man zusätzlich zu saisonalen und regionalen Produkten greift, dann ist schon viel erreicht. Das unsere Lebensmittel um die halbe Welt reisen, belastet die Umwelt extrem. Deutsches Obst und Gemüse wird wegen höherer Gewinne ins Ausland exportiert. In Deutschland finden wir dafür importiertes Obst und Gemüse, aus zum Teil fragwürdiger Produktion. Gute Lebensmittel haben ihren Preis!
- Mit 52 kg pro Kopf und Jahr ist der Konsum von Fleisch und Wurstwaren in Deutschland 2022 gesunken. 2012 waren es noch 60,9 kg. Dabei muss man aber auch die Menschen berücksichtigen, die kein oder nur wenig Fleisch essen. Die DGE empfiehlt eine Fleischmenge pro Woche von 300 – max. 600 g.

15. Richtige Lagerung spart Geld

Zusatzinfos:

Besonders Getreideprodukte, Backzutaten, Trockenobst, Gewürze, Schokolade – also Lebensmittel mit langer Haltbarkeit – werden von Lebensmittelmotten, Lebensmittelkäfer oder Mehlwürmern befallen. Es kann passieren, dass die Schädlinge bereits im Supermarkt in die Verpackungen gelangen. Ist z. B. eine Packung beschädigt, oder liegt sie zu lange im Regal, dann können sich Schädlinge rasch im ganzen Bestand ausbreiten. Man sollte genauer hinsehen, wenn z. B. kleine Bohrlöcher in Beuteln zu erkennen sind, oder wenn der Inhalt stark zerbröselt ist. Hat man auf diese Weise befallene Produkte in den Vorratsschrank gebracht, kann es passieren, dass in kurzer Zeit der ganze Vorrat befallen ist. Vorratsschädlinge finden in der Küche Nahrung, Wärme und geschützte Nistplätze. Daher sollte der Inhalt von angebrochenen Verpackungen sofort in gut schließende Behälter umgefüllt werden. Wenn man neue Packungen immer nach hinten einräumt, hat man die Gelegenheit, den Vorrat kurz zu kontrollieren.

Lebensmittel mit längerer Haltbarkeit sollten außerdem vor Luftfeuchtigkeit geschützt werden, ansonsten kann z. B. Salz und Zucker zusammen klumpen, Knäckebrot oder Kekse weich werden.

Brot sollte man in einem Brotkasten/Topf lagern. Dafür eignen sich z. B. unglasierte Tontöpfe, sowie Brotkästen aus Metall oder Kunststoff, mit ausreichend Luftlöchern. Einmal pro Woche mit Essigwasser auswischen, um Schimmelbildung zu vermeiden. In einem Plastikbeutel wird die Kruste weich, Wärme und Feuchtigkeit stauen sich im Beutel und es kommt schnell zu Schimmelbildung. Im Kühlschrank trocknet Brot schnell aus und wird hart. Nur bei extremer Hitze legt man Brot in den Kühlschrank. Hat man zuviel Brot, lässt es auch sich gut portionsweise einfrieren.

Im Kühlschrank ist nicht nur der richtige Platz wichtig. Der Inhalt offener Verpackungen oder zubereitete Speisen, nehmen Fremdgeruch oder Geschmack an. Daher immer abdecken oder umfüllen. Die Türe ist der wärmste Ort im Kühlschrank. Das unterste Fach ist der kühlste Ort, die Kälte sinkt nach unten. Hier stehen leichtverderbliche Lebensmittel. Die Glasplatte schirmt das Gemüsefach ab. Hier ist die richtige Temperatur für Gemüse oder Obst. Gemüse verliert Feuchtigkeit, daher nur in gelochten Folienbeuteln oder feuchten Küchentüchern in das Gemüsefach legen. In luftdichten Verpackungen bildet sich Staunässe und sehr schnell Schimmel. Werden Obst, Gemüse oder Kartoffeln zu kalt gelagert, was im Winter auf dem Balkon leicht passieren kann, werden die Zellwände zerstört. Kartoffeln werden dadurch süß und glasig und Salat wird matschig.

18 Hintergrundinformationen und Lösungsvorschläge

Obst und Gemüse nicht zusammen lagern. Viele Sorten produzieren das Reifegas Ethylen. Jede Sorte produziert unterschiedlich viel und reagiert unterschiedlich empfindlich darauf. Die Folge ist schnelles Nachreifen und Verderb. Diesen Effekt kann man nutzen, wenn z. B. die Bananen zu grün, die Birnen oder Kiwis zu hart sind. Zusammen mit Äpfeln in der Obstschale, reifen die Früchte deutlich schneller nach.

Viel Ethylen produzieren: z. B. Äpfel, Avocados, Bananen, Birnen, Pfirsiche, reife Kiwis, Mirabellen, Nektarinen oder Zwetschgen. Beim Gemüse sind das z. B.: Brokkoli, Gurken, Lauch, Paprika, Pilze, Spinat, oder Tomaten. Werden Gurken in der Nachbarschaft von Paprika, Brokkoli usw. aufbewahrt, werden sie schnell runzelig und verderben schneller. Karotten werden neben Ethylen produzierenden Sorten bitter, Weißkohl wird gelb.

Gemüse mag es generell kühl. Nur Kartoffeln, Tomaten und Kürbisse und Basilikum sind kälteempfindlich. Spargel, Blattsalate und Blattgemüse kommen in das Gemüsefach im Kühlschrank. Wenn man um den Strunk von Kopfsalat ein feuchtes Papiertuch wickelt, bleibt der Salat länger frisch. Möhren, Kohlrabi und Radieschen kommen ohne Grün ins Gemüsefach. Die Blätter entziehen dem Gemüse Feuchtigkeit, es schrumpelt schneller. Das frische Grün eignet sich aber gut für ein Pesto. Tomaten verlieren im Kühlschrank an Aroma. Auch Paprika, Aubergine und Zucchini benötigen nur Zimmertemperatur. Kartoffeln, Zwiebeln und Kürbisse lagern besser bei Kellertemperatur. Sehr harte Avocados erlangen ihre Reife erst bei Raumtemperatur.

Alle Zitrusfrüchte und exotischen Früchte sind am längsten bei über 16 °C haltbar. Die Schale von Bananen wird im Kühlschrank schnell dunkel. Nur Feigen und Kiwis vertragen den Kühlschrank. Heimisches Obst bleibt bei unter 8 °C am längsten frisch.

Je länger Obst und Gemüse transportiert bzw. gelagert wird, desto geringer ist im Allgemeinen der Vitamingehalt. Gerade im Sommer ist es ratsam, den Einkauf auf schnellstem Wege nach Hause zu bringen. Lange Transportwege und ungünstige Lagerbedingungen führen bei empfindlichen Vitaminen zu Verlusten von bis zu 100 %. Gerade Vitamin- C ist hitzelabil, wasserlöslich und empfindlich gegen Sauerstoff. Ist der Vitamin- C – Verlust gering, dann bleiben auch andere Vitamine und Mineralstoffe besser erhalten. Bei Obst und Gemüse mit fester Schale oder kompakten Blättern, ist der Verlust geringer.

15. Richtige Lagerung spart Geld

Aufgabe 1:

In diesem Fall ist Gemüse aus der Kühltruhe die richtige Wahl. Das Gemüse im Straßenverkauf ist den ganzen Tag über bereits Licht, Wärme, Sauerstoff und Schadstoffen aus der Luft ausgesetzt. Hier ist es zu hohen Nährstoffverlusten und Belastungen gekommen. Im Supermarkt ist am Abend auch nur noch übrig, was schon viele Kunden angefasst haben. Auch hier konnte Wärme, Licht und Sauerstoff auf das Gemüse einwirken.

Hintergrundinformationen und Lösungsvorschläge

15. Richtige Lagerung spart Geld

Aufgabe 2:

- grundsätzlich frisches Obst oder Gemüse verwenden
- kurze, kühle Lagerung
- unzerkleinert, im Ganzen waschen - wenig Angriffsfläche für Wasser – Wasser reduziert den Gehalt an Mineralstoffe und wasserlöslichen Vitaminen
- ungeschält, oder nur dünn mit dem Sparschäler geschält verwenden – dicht unter der Schale sitzen die meisten Nährstoffe
- nicht zu stark zerkleinern – Sauerstoff und Wasser haben bei der Weiterverarbeitung weniger Angriffsfläche
- nicht im Wasser stehen lassen – Wasser laugt die Nährstoffe aus
- nur so lange garen wie nötig – Vitamine sind hitzeempfindlich
- mit wenig Wasser garen – Nährstoffe gehen ins Kochwasser über
- abgedeckt garen – verkürzt die Garzeit
- nicht warmhalten – besser rasch abkühlen lassen und bei Bedarf wieder erwärmen
- nährstoffschonende Garmethoden wählen – Dünsten, Dämpfen, Foliengaren
- Salatzutaten rasch mit dem Dressing mischen – Säure verlangsamt den Vitaminabbau
- Gemüse vor dem Einfrieren blanchieren – Enzyme, die auch im gefrorenen Zustand den Vitaminabbau weitertreiben, werden deaktiviert

16. Die Küche – eine Wellness- Oase für Keime

Aufgabe 1:

1. Auch in den kleinsten Verletzungen an den Händen können sich eitererregende Mikroorganismen befinden. Daher sofort desinfizieren und wasserdicht abdecken. Wenn nötig einen Fingerschutz oder Handschuhe tragen.
2. An und unter Ringen befinden sich viele Keime, die beim einfachen Händewaschen nicht entfernt werden. Daher Ringe und weite Armbänder vor dem Händewaschen ablegen.
3. Die Toilette, aber auch der Wasserhahn und alle Türgriffe sind stark mit Keimen belastet. Daher nach jedem Toilettengang die Hände gründlich mit Wasser und Seife waschen.
4. Handtücher für die Hände bieten ideale Bedingungen für Keime. Anhaftende Keime werden so verschleppt. Daher regelmäßig die Handtücher wechseln. Wenn nötig Hände desinfizieren und in der Schule Papiertücher verwenden.
5. Das Seifenstück bietet Keimen mit Feuchtigkeit und anhaftenden Partikeln gute Lebensbedingungen. Daher einen Seifenspender verwenden.
6. An unserer Kleidung haften Staub und andere Verschmutzungen, die an die Lebensmittel gelangen können. Daher vor der Nahrungszubereitung eine Schürze umbinden.
7. Beim Husten und Niesen werden viele Keime abgesondert. Daher immer in die Armbeuge Husten und Niesen. Das Taschentuch nach dem Naseputzen sofort entsorgen und die Hände waschen.
8. Haarschuppen und lose Haare sind nicht nur unappetitlich in Speisen, sie sind auch mit vielen Keimen behaftet. Daher lange, offene Haare zusammenbinden, oder mit einem Haarreif nach hinten schieben.
9. Schmutz unter den Fingernägeln lässt sich mit Händewaschen nicht entfernen. Auch Nagellack hat nur eine begrenzte Haltbarkeit. Daher eine Nagelbürste verwenden, besonders wenn z. B. Teig mit den Händen geknetet werden soll. Mit Nagellack, Handschuhe tragen.

Aufgabe 2:

Nützliche Bakterien werden zum Beispiel bei der Herstellung von Joghurt und Käse eingesetzt. Auch auf der Haut befinden sich Bakterien, die verhindern, dass sich gefährliche Krankheitserreger vermehren können. Darmbakterien im Verdauungstrakt sorgen dafür, dass wir pflanzliche Nahrung verdauen können, indem sie die Zellwände der Pflanzenzellen zerstören. In der Natur haben Bakterien eine wichtige Funktion. Sie zersetzen tote Tiere und abgestorbene Pflanzen. Dadurch werden Mineralstoffe frei. So kann der Stoffkreislauf aufrecht erhalten bleiben. Auch in der Herstellung von bestimmten Medikamenten kommen Bakterien zum Einsatz.

16. Die Küche – eine Wellness- Oase für Keime

Aufgabe 3:

Im Supermarkt gehen die Lebensmittel durch viele Hände. Möglichst unbeschädigte Ware auswählen. Für den Transport von TK- Ware eine geeignete Kühltasche verwenden, um die Kühlkette nicht zu unterbrechen. Das Verfallsdatum beachten. Den Einkauf nicht unnötig bei Raumtemperatur, oder im Auto zwischenlagern. Den Einkauf sofort wegräumen. Erst kurz vor der Zubereitung aus der Kühlung holen. Vor der Zubereitung die Hände gründlich waschen, offene Haare zusammenbinden und eine Schürze umbinden. Alle Lebensmittel nur auf sauberen Arbeitsflächen und mit sauberen Arbeitsgeräten verarbeiten. Abfälle sofort entsorgen. Lebensmittel, die roh verzehrt werden sollen, nicht mit zu erhitzenden Lebensmitteln in Kontakt bringen. Für Fleisch und Gemüse eigene Schneidebretter benutzen. Zwischen den Arbeitsgängen die Hände waschen. Beim Abschmecken immer einen sauberen Löffel benutzen. Man kann auch mit dem Kochlöffel etwas auf einen separaten Probierlöffel geben. Fertige Speisen nicht warmstellen, sondern rasch abkühlen lassen und abgedeckt in den Kühlschrank stellen. Auch kalte Speisen wie z. B. Nachspeisen, gehören in die Kühlung. Eine minimale Keimbelastung kann unser Körper gut bekämpfen. Aber gerade Süßspeisen bieten den Keimen ideale Lebensbedingungen. Schon nach kurzer Zeit können sich bei Raumtemperatur die Keime explosionsartig vermehren und zu schweren Erkrankungen führen. Fliegen sind Überträger von Keimen und sollten nicht an die Speisen gelangen. In der Spülmaschine werden höhere Temperaturen erreicht und ist dem Handspülen vorzuziehen. Kühlschrank und Gefrierschrank regelmäßig mit Essigwasser reinigen. Spültücher, Handtücher und Geschirrhandtücher regelmäßig wechseln.

Aufgabe 4:

Die Unterscheidung zwischen Lebensmittelinfektion und Lebensmittelvergiftung wird im allgemeinen Sprachgebrauch meistens nicht gemacht. Stattdessen werden die Begriffe synonym verwendet. Die Symptome sind sowohl bei einer Lebensmittelinfektion, als auch bei einer Lebensmittelvergiftung ähnlich. Magen- Darm- Probleme, z. T. blutige Durchfälle, Fieber, Kopfschmerzen, Muskel- und Gliederschmerzen und Kreislaufprobleme können Anzeichen für eine Infektion oder eine Vergiftung sein. Der starke Flüssigkeitsverlust kann Schwindelgefühl und Verwirrtheitszustände auslösen. Besonders für Kinder und ältere Menschen kann der starke Flüssigkeitsverlust bedrohlich werden. Bei Menschen mit einer Lebensmittelallergie führt der Verzehr bestimmter Lebensmittel zu allergischen Reaktionen, die den Symptomen einer Vergiftung oder Infektion ähneln können. Meist treten hierbei zusätzlich Juckreiz, Schwellungen im Mund und Rachen, bez. Hautausschlag auf. Grundsätzlich sollten alle Anzeichen ernst genommen werden und sicherheitshalber ein Arzt aufgesucht werden.

Bei einer **Lebensmittelinfektion** gelangen Krankheitserreger über die Nahrung in den Verdauungstrakt, vermehren sich dort und produzieren Giftstoffe. Typische Anzeichen sind akuter Durchfall, Erbrechen, Fieber, Bauchschmerzen- und Krämpfe. Die Beschwerden können auch erst nach einigen Tagen auftreten. Sind Krankheitserreger der Auslöser, dann kommt es häufig zu lokalen Epidemien, z. B. in der Gemeinschaftsverpflegung. Solche Erkrankungen sind meldepflichtig.

Eine **Lebensmittelvergiftung** wird durch Nahrungsmittel mit toxischen Inhaltsstoffen verursacht. Die Gifte sind entweder natürlicher Bestandteil des verzehrten Lebensmittels, oder es ist vor dem Verzehr verunreinigt worden. Auch eine Lebensmittelvergiftung führt zu Übelkeit, Erbrechen, Fieber, Bauchschmerzen- und Krämpfen. Giftige Pilze können auch Halluzinationen auslösen. Die Symptome variieren und hängen von der Art und der aufgenommen Menge ab. Es kann zu lebensbedrohlichen Komplikationen kommen. Die ersten Anzeichen können nach wenigen Minuten oder Stunden, bis mehrere Tage nach dem Verzehr auftreten. Besteht der Verdacht, dass ein bestimmtes Lebensmittel die Vergiftung verursacht hat, sollte man sicherheitshalber eine Meldung machen und wenn möglich eine Probe einreichen, damit es nicht zu weiteren Vergiftungen kommt.

Mögliche Auslöser für Lebensmittelinfektionen und Lebensmittelvergiftungen:

Salmonellen können sich im Darm, aufgrund der guten Nährstofflage gut vermehren und rufen Entzündungen hervor. Sie kommen in rohen oder nicht ausreichend erhitzten tierischen Lebensmitteln wie z. B. rohen Eiern, Geflügel oder anderen tierischen Produkten vor.

Listerien sind Bakterien, die sich u. a. in rohem Fleisch, Käse, Rohmilch und in Vakuumverpackungen vermehren können.

18 Hintergrundinformationen und Lösungsvorschläge

Clostridien bilden das **Botulinumtoxin** welches zu Botulismus, eine eher seltene, aber lebensbedrohliche Erkrankung führt. Es wird ein Nervengift gebildet, welches 12 – 36 Stunden nach Verzehr, zu Übelkeit, Durchfall, Sehstörungen, Schluckstörungen und Lähmungen führt. Bei Verdacht sofort ins Krankenhaus! Der Erreger kommt in aufgeblähten Konservendosen und Vakuumverpackungen, Konservengläsern mit einem lose sitzenden Deckel und in verunreinigtem Honig vor. Daher rät man Eltern, ihren Kindern vor dem ersten Lebensjahr keinen Honig, oder mit Honig gesüßten Getränke zu geben.

E. coli, eine Bakteriengruppe, die vorwiegend in rohem Rindfleisch und Rohmilch vorkommt.

Noroviren kommen häufig in rohen oder nicht durchgegarten Meeresfrüchten, auf Obst, Gemüse, sowie in kontaminiertem Wasser vor.

Campylobacter können in rohen Eiern, Geflügelfleisch, Milchprodukten und Wasser vorkommen. Durch Erhitzten werden die Bakterien abgetötet.

Staphylokoken werden durch mangelnde Hygiene in der Küche übertragen. Durch Erhitzen können die Erreger unschädlich gemacht werden.

Yersinien werden durch den Kontakt mit kontaminierten Tieren oder Lebensmitteln sowie deren Verzehr übertragen.

Toxoplasma gondii gehört zu den Parasiten und kommt in rohem oder unzureichend gegartem Fleisch, in Wasser, aber auch in Katzenkot vor. Ist besonders für Schwangere gefährlich.

Pflanzengifte - viele Pflanzen bilden Giftstoffe zum Schutz vor Fressfeinden. Neben Efeu, Eibe, Goldregen, Engelstrompete, Herbstzeitlose, Eisenhut, Fingerhut, Tollkirsche und Bilsenkraut enthalten auch Maiglöckchen ein starkes Gift. Bei Maiglöckchen besteht Verwechslungsgefahr mit Bärlauch.

Giftpilze können verschiedene Giftstoffe enthalten. Viele Speisepilze haben giftige Doppelgänger. Die Verwechslungsgefahr ist groß. Daher ist es besser, nur mit fachkundigen Personen Pilze zu sammeln.

Chemikalien, Umweltgifte und Schwermetalle können auf unterschiedliche Weise an die Lebensmittel gelangen. Werden sie über längere Zeit regelmäßig aufgenommen, kann es zu bleibenden Organschäden kommen.

Eine sogenannte **Fischvergiftung** nach dem Verzehr von Fisch, Muscheln oder Krebsen kann verschiedene Ursachen haben. Fisch, Muscheln und Krebse gehören zu den leicht verderblichen Lebensmitteln. Falsche oder zu lange Lagerung, begünstigt die rasche Vermehrung der Bakterien. Ein von Algen gebildetes Gift kann von Fischen aufgenommen worden sein und in den menschlichen Körper gelangen. Dieses Gift wirkt auf das Nervensystem. Giftige Fische wie z. B. der Kugelfisch, produzieren ein Nervengift.

Zusatzinfos:

Schneidebretter sind häufig die Ursache für Übertragung von Bakterien und Keimen. Da Glas- und Steinschneidebretter den Messern schaden, sollte man Holz- oder Kunststoffbretter verwenden. Leider weisen sie schon nach kurzer Zeit zahlreiche Einschnitte und Kratzer auf, in denen sich Keime festsetzen. Holz eignet sich nicht für die Spülmaschine. Möglichst sofort nach Gebrauch abspülen und abbürsten. Mit kochendem Wasser von beiden Seiten abspülen und aufrechtstehend trocknen lassen. Holz quillt leicht auf, wenn es nur auf einer Seite nass wird. Es verzieht sich und reißt. Das gereinigte Brett regelmäßig mit grobem Salz bestreuen, mit Essig bedecken, 15 Minuten stehen lassen und abspülen. Das Salz kann aber auch mit einer halben Zitrone eingerieben werden. Kunststoffbretter können in die Spülmaschine oder für eine Minute bei voller Leistung in die Mikrowelle gelegt werden.

17. Ideen und Rezepte für ein Frühstücksbuffet

In welchem Umfang dieses gemeinsame Frühstück ausfallen kann, ist abhängig von den räumlichen Möglichkeiten. Vieles kann mitgebracht werden. Mit wenigen Geräten können einfache Rezepte in der Klasse frisch zubereitet werden. Je abwechslungsreicher, umso besser ist die Geschmacksvielfalt zu erfahren. Auf Fleisch und Wurstwaren sollte verzichtet werden, damit jeder alles probieren kann. Auch auf Mayonnaise und Süßspeisen aus rohen Eiern sollte verzichtet werden, um mögliche Lebensmittelinfektionen zu vermeiden.

Vorab sollte geklärt werden, ob es Lebensmittelallergien oder Unverträglichkeiten gibt. Bei einigen Allergien kann schon durch eine kleine Menge eine Reaktion ausgelöst werden.

Alle Zutaten sollten möglichst frisch sein und bis zum Verzehr ausreichend gekühlt werden. Der hygienische Umgang mit den Lebensmitteln ist ein wichtiger Punkt in der gemeinsamen Planung. Das Händewaschen ist unerlässlich und muss möglich sein. Wer krank ist, sollte bei der Vorbereitung keinen Lebensmittelkontakt haben. Alle Arbeitsgeräte und das Geschirr müssen sauber sein. Jeder sollte sein eigenes Geschirr und Besteck benutzen. Am Buffet bedient man sich **nur** mit dem bereitliegenden Besteck.

Verschiedene Teesorten können mit einem Wasserkocher, tassenweise frisch zubereitet und geschmacklich verglichen werden. Steht ein Backofen zur Verfügung, ist zu beachten, dass die Backzeit je nach Ofen, unterschiedlich sein kann. Mit einem Holzspieß lässt sich eine Garprobe durchführen. Sticht man in das Backgut, sollte kein Teig mehr am Holz kleben bleiben.

Für mögliche Reste können kleine Behälter bereitstehen. Ein Wasserkocher, Waschwannen, Spülmittel, Spülbürsten und Küchenhandtücher ermöglichen auch ohne Schulküche, den Raum sauber zu verlassen.